實驗教育面面觀

林雍智 黃志順　主編

林雍智 黃志順 杜瑋倫 李光莒 林錫恩

李協信 蘇仰志 詹家惠 諶志銘 賴聖洋　合著

五南圖書出版公司 印行

作者簡介

林雍智（序章、第一章、終章）

- 亞洲大學幼兒教育學系助理教授
- 中華民國中小學校長協會教育顧問兼研究員
- 臺北市立大學師資培育及職涯發展中心兼任助理教授
- 臺北市非學校型態實驗教育審議委員、實驗教育學校校長遴選委員
- 宜蘭縣學校型態、非學校型態實驗教育審議會委員、評鑑委員、課程計畫備查委員會委員
- 臺北市政府教育局實驗教育與創新學分班講座
- 教育部公立學校實驗教育規範研究協同主持人
- 日本岐阜大學大學院訪問學者
- 學術專長：實驗教育、教育制度、幼兒教育、日本教育

黃志順（第二章）

- 臺北市和平實驗國民小學校長（全國第一所新設公立實驗小學）
- 國立臺北教育大學教育學系、課程與教學傳播科技研究所、教育系創評碩士班兼任助理教授（教授實驗教育、教師專業發展、適性教學、實驗教育評鑑等）
- 國立臺南大學教育學博士
- 臺北市非學校型態實驗教育審議委員
- 新北市、桃園市、澎湖縣學校型態實驗教育審議會委員
- 學術專長：課程與教學、實驗教育、學校經營

杜瑋倫（第三章）

- 中華民國童軍總會國家研習營訓練員
- 臺北市政府消防局救護志工（EMT2）
- 美國帆船協會（American Sailing Association）教練

李光莒（第四章）

- 臺北市小實光實驗教育機構創辦人兼校長
- 臺北市學校型態、非學校型態實驗教育審議委員
- 淡江大學師資培育中心講師

林錫恩（第五章）

- 新北市新店區屈尺國民小學校長
- 新北市師傅校長
- 國立東華大學花師教育學院教育學博士
- 臺東縣實驗教育審議會委員

李協信（第六章）

- 臺北市和平實驗國民小學教務主任
- 華人磐石領袖協會海外服務學習訓練講師
- 亞洲體驗教育學會會員
- 國立臺灣師範大學公民教育與活動領導學系博士

蘇仰志（第七章）

- 雜學校校長
- 國際永續教育協會理事長
- 臺北市教育新創競技場主持人
- 奧茲品牌策展董事長

詹家惠（第八章）

- 臺北市學學實驗教育機構教育長（校長）
- 財團法人兒童教育實驗文教基金會董事
- 臺北市非學校型態實驗教育審議委員
- 國立政治大學教育學系博士

諶志銘（第九章）

- 宜蘭縣大進實驗國民小學、憲明、育才國小校長
- 宜蘭縣校長協會監事
- 宜蘭縣非學校型態實驗教育審議委員
- 國立政治大學教育學碩士（學校行政）

賴聖洋（第十章）

- 臺灣諮商心理學會之認證督導（臺諮心督證字第 106001 號）
- 臺北兒童福利中心督導、基隆家庭教育中心督導
- 社團法人陪伴者兒少生涯教育協會創辦人

序言

邁向選擇學習的時代
学びを選ぶ時代に向けて

　　隨著時代與社會的發展，教育的樣貌也邁向了革命性的改變。以「教育目的論」來看，受教育之目的曾是爲了富國強兵、培養大量生產、大量消費所需要之勞動者國民，進入現代後再逐步演進到市民觀，在目的上轉變爲培育追求幸福所需要的完整人格；以「教育思想觀」來看，這是一種從「國家教育權」過渡到「國家教育權與國民教育權爭論」，再過渡到兩者之間的調合，最後以人民「學習權」概念聚斂的思想上演變。能夠造成這樣的演變，主要是由於對「人」的生命價值的伸張與宣揚，再加上如ICT、AI等的科技發明，才足以累積出改變人在「教育」當中位置的能量。於是，過去止步於理念倡議的「教育應然論」開始有實現的可能，我國的實驗教育就在這個方向轉換的契機中於焉誕生。

　　若想爲實驗教育體制化的那一刻賦予一個歷史定位點，則我們將會知道「實驗教育三法」在 2014 年底立法的那個時間點的左側，有著教育漫長的發展時段，而右側迄今也方跨過八冬，未來的道路仍然漫長且面臨諸多挑戰。如果要讓那一刻成爲中心定位點，開啟了實驗教育大門的我們這一代人，更有責任讓教育思想和教育目的隨著實驗教育邁向好的方向，讓其引領下一代營造更好的生命意義。

　　本書之撰書構想，係承繼同爲五南圖書出版公司發行的前書《實驗教育》而來。《實驗教育》一書闡述的是實驗教育的完整框架，內容旨在引導讀者理解實驗教育的各種基礎概念；本書《實驗教育面面觀》則是前書的延

伸論述，內容上接續前書的概念，從實驗教育的構造談起，再由各種當前重要的實驗教育理念與有特色的實驗教育實踐案例，共同構成本書之架構。

我國實驗教育的擴展腳步極為迅速，前書發行迄今，各型態的實驗教育在全國範圍的辦理數量上都有顯著提升。並且由於實驗教育周邊產業透過各角度切入本領域，也相當程度橋接了實驗教育「主體」和「提供者」之間的需求，讓實驗教育朝更多元的途徑發展。另一方面，師資培育大學為對應實驗教育的教職市場，也陸續開設了「實驗教育」相關課程提供學生選讀。在這樣的趨勢下，本書除可作為大學教育學程之延伸閱讀書籍外，各章所探討的主題亦適合關心實驗教育者閱讀。家長在為子女選擇實驗教育前，可從本書中進一步了解當前實驗教育重視的領域；教師則可從各議題案例中對照省察自己的教學；從事實驗教育周邊產業者，或許亦可從中激發「跨域整合」的契機，進而發揮更多創意、扮演架橋功能來豐富實驗教育的內涵。

本書編著上，一樣由本人與黃志順博士擔任主編及「實驗教育構造論」二章的作者。所邀請到的各章作者亦都是在所撰稿領域中累積了長期實證經驗的創新者，他們除秉持對教育和孩子的愛而努力向前、樂此不疲外，也積極的發揮社會影響力打造出值得肯定的品牌，並帶動品牌背後極具說服力的熱流。能獲得專家們應允賜稿，實在是主編的榮幸。

在「實驗教育方法論」篇中，深耕童軍活動多年的杜瑋倫老師，結合實驗教育精神與童軍方法將議題融入戶外教育，打造超出你對課程的想像，但卻做得到的戶外教育；落實「動手做、實境學」理念的李光莒校長暢談的是他親自參與課程規劃與教學實施，從真實情境出發，將整座城市變成孩子的博物館的走讀教育；學校經營上一直很有點子的林錫恩校長，則以「學校治理」的概念解構了實驗學校怎麼會還在使用「學校行政」這一詞的路徑依賴慣性；李協信博士具有特殊教育專長，他在任教實驗學校時經常關注到教室裡的特殊需求孩子，因此將其所見撰稿分享。實驗教育中的特殊需求孩子是一個不可忽視的存在，此議題值得更廣泛的探討。

在「實驗教育實踐論」篇中，雜學校的蘇仰志創辦人以創新育成的角

度，爲實驗教育帶來孵化器的跨域整合概念，激發了我們去編織一個實驗教育發展與未來臺灣教育上更多的想像；學學機構的詹家惠教育長推動高中學生的藝術教育，讓孩子經由實驗教育培養創意思辨、適性探索的多元跨界美感素養，綻放出「原來孩子們可以做到這樣」的驚豔花朵；諶志銘校長分享了他帶領小而精緻的宜蘭大進實驗國小轉型辦理實驗教育的特色發展經驗；我們也邀請臺北市陪伴者機構的賴聖洋心理師，看看他們如何將辦學理念聚焦在以生態建構的觀點，辦出這個如同國外「Free School」理念的機構去照顧可能在學校及實驗教育體系中有著相當比例，且絕對無法忽視的拒學孩子的教育。作者群外，本書亦有邀請教師及家長提供花絮、分享經驗，字字珠璣，在此一併致謝，多謝賜稿。

　　兩年來規劃出版本書的歷程中，本人的生活也由各個小小的變化鋪成來時路。這段時間我參與了一些地方政府的實驗教育審議、訪視、評鑑與實驗學校校長遴選的工作，也被邀請擔任實驗學校的諮詢專家；因此，我嘗試著將實驗教育實務和實驗教育理念整合，並利用在國內及日本的授課（例如講述學校與機構特色建構、實驗教育中的特殊需求孩子）與演講（例如講述如何透過課程經營進行課程調整）的機會，分享從工作中歸納出的實踐智慧。我發現，法制化前的實驗教育需要的是理念上的引導，而當前最需要的則是帶領與協助它實踐、落實與扎根。在發展上，我們不能只憑舊知識和參與審議的經驗，還要把經驗提升至轉化、創發、探求的能力開發位階，這樣才是一個值得信賴的實驗教育夥伴。

　　至於我那畢業於實驗小學的孩子呢？三年來，他已經長大成青少年了。銜接正規國中的學習和生活，一開始給他帶來了偌大的壓力，考試的經驗和技巧都不足，他都要很努力的克服這些銜接期的困難。同時，國中的各科教師也都在暗地斟酌：「這個從實小畢業的學生，有學過我現在講述單元所需的先備知識嗎？」隨著時間遞移，他逐漸展現在實小所學到的素養，例如分組討論的探究課程，他能帶領組員思考、彙整並有系統的發表，每個學期他也被指名擔任各種班級幹部。他有一日回家後道出：導師告訴全班，自從他開始帶領組員掃廁所後，班上整潔比賽榮譽的獎牌就再

也沒被撤下了。聽到孩子生動的描述打掃的過程，我不曉得自己臉上出現什麼表情？我推敲，他在實小的主題課程和人際互動中，一定學到了很多領導的經驗吧！「**實驗教育的成效，需要時間發酵**」，我看著孩子的成長，從中有了這樣的體悟。當然，內人葉老師亦母亦師的守護，並給予孩子自由的發想他對繪畫和歷史議題的興趣空間，也是孩子在面對學習時能調整正確心態的溫暖支持。所以說家長共同的態度、支持和投入，是孩子參與實驗教育必須的條件。特別是在這個彰顯教育權、學習權的多樣化時代，學習是教育主權者的責任，它是參與，也是治理，是價值選擇，也是對理想生活和幸福的追求。

我們現正邁入「選擇學習的時代」，為自己的學習選擇（個人）、協助孩子的學習選擇（家長）、提供對應學習選擇的課程和教學（教師）、規劃輔導學習的方案與提供所需的資源（教育單位），是邁向沒有標準解答時代的應然方向。當然，少子女化、教育技術的進步、從集團主義到尊重個性的社會環境發展，也是實現「選擇學習的時代」的關鍵環節。實驗教育的目的，說穿了就僅僅只是「**提供孩子一個適合的學習場域和機會**」罷了。於是，我們期待實驗教育終能成為學制地圖上一條有分量的軌道；「實驗教育三法」將回歸到《國民教育法》、《高級中等教育法》等骨幹法規，而不再以限定版的「條例」性格存在。這也意味著《國民教育法》不要再把教育鎖進學校教育，學校教育不要再鎖進六年國小和三年國中內。因為，人民終應擁有學習方式和學習場域的選擇權，而教育法則是為了保障多樣「選擇學習」權益所存在的法律。

最後，本人謹向主編黃志順博士以及參與撰寫各章的作者們致謝，也感謝五南圖書出版公司促成本書付梓。未來我們將會持續的整理更多實驗教育議題，與讀者分享深耕於該議題領域的專家見解，讓我們一起看著實驗教育從根苗長成大樹。

主編 林雍智 謹識
2023 年 4 月 25 日

目錄

作者簡介
序言

| 序　章 | 多元活潑彈性交織的實驗教育 | 1 |

林雍智

第一節　實驗教育的發展 ⋯⋯⋯⋯⋯⋯⋯⋯⋯⋯⋯⋯⋯ 3
第二節　實驗教育的意涵 ⋯⋯⋯⋯⋯⋯⋯⋯⋯⋯⋯⋯⋯ 9
第三節　本書的章節鋪陳 ⋯⋯⋯⋯⋯⋯⋯⋯⋯⋯⋯⋯⋯ 11
第四節　本書的價值 ⋯⋯⋯⋯⋯⋯⋯⋯⋯⋯⋯⋯⋯⋯⋯ 13
實驗教育我想想 ⋯⋯⋯⋯⋯⋯⋯⋯⋯⋯⋯⋯⋯⋯⋯⋯⋯ 14

實驗教育構造論

| 第 1 章 | 2024 年的實驗教育與 2030 年的實驗教育 | 17 |

林雍智

第一節　未來教育的願景 ⋯⋯⋯⋯⋯⋯⋯⋯⋯⋯⋯⋯⋯ 19
第二節　2024 年的實驗教育 ⋯⋯⋯⋯⋯⋯⋯⋯⋯⋯⋯⋯ 21
第三節　2030 年的實驗教育 ⋯⋯⋯⋯⋯⋯⋯⋯⋯⋯⋯⋯ 28
第四節　串接現在與未來的鏈結 ⋯⋯⋯⋯⋯⋯⋯⋯⋯⋯ 32

| 第 2 章 | 實驗教育的課程觀，是什麼、要幹嘛 | 35 |

黃志順

第一節　非法、非非法 ⋯⋯⋯⋯⋯⋯⋯⋯⋯⋯⋯⋯⋯⋯ 37
第二節　實驗教育的課程觀不需「新意」而需「真義」 ⋯ 38
第三節　教師教學運思的核心工作架構 ⋯⋯⋯⋯⋯⋯⋯ 39

第四節　實驗教育課程觀的綜合考量 ⋯⋯⋯⋯⋯⋯⋯⋯⋯ 45

第五節　「退一步、空出來」，深刻學習才有機會出現 ⋯⋯ 50

實驗教育我想想 ⋯⋯⋯⋯⋯⋯⋯⋯⋯⋯⋯⋯⋯⋯⋯⋯⋯ 51

實驗教育方法論

第3章　**實驗教育學校裡的戶外教育經營**　　**55**

杜瑋倫

第一節　戶外教育的定義 ⋯⋯⋯⋯⋯⋯⋯⋯⋯⋯⋯⋯⋯⋯ 57

第二節　戶外教育的現況 ⋯⋯⋯⋯⋯⋯⋯⋯⋯⋯⋯⋯⋯⋯ 58

第三節　實驗教育與戶外教育的關係 ⋯⋯⋯⋯⋯⋯⋯⋯⋯ 59

第四節　實施與推動戶外教育的經驗 ⋯⋯⋯⋯⋯⋯⋯⋯⋯ 61

第五節　結語 ⋯⋯⋯⋯⋯⋯⋯⋯⋯⋯⋯⋯⋯⋯⋯⋯⋯⋯⋯ 68

實驗教育經驗談 ⋯⋯⋯⋯⋯⋯⋯⋯⋯⋯⋯⋯⋯⋯⋯⋯⋯ 70

第4章　**實驗教育中的「行者」走讀三部曲**　　**73**

李光莒

第一節　走讀是學習典範的轉移 ⋯⋯⋯⋯⋯⋯⋯⋯⋯⋯⋯ 75

第二節　從真實情境出發的「體驗學習」 ⋯⋯⋯⋯⋯⋯⋯ 77

第三節　整個城市都是我的博物館 ⋯⋯⋯⋯⋯⋯⋯⋯⋯⋯ 81

第四節　高感受揉合田調經驗、探究實作深化學習意義 ⋯ 85

第五節　行者的走讀三部曲，標示著學習模式的典範轉移 ⋯ 86

第六節　結語 ⋯⋯⋯⋯⋯⋯⋯⋯⋯⋯⋯⋯⋯⋯⋯⋯⋯⋯⋯ 89

實驗教育經驗談 ⋯⋯⋯⋯⋯⋯⋯⋯⋯⋯⋯⋯⋯⋯⋯⋯⋯ 90

第5章　**實驗教育理念與學校治理的遭逢對話**　　**93**

林錫恩

第一節　實驗教育本來面目與效益優勢 ⋯⋯⋯⋯⋯⋯⋯⋯ 95

第二節　實驗教育學校的治理理念與影響因素 ⋯⋯⋯⋯⋯ 97

第三節　實驗教育理念與校務治理的對話 ⋯⋯⋯⋯⋯⋯⋯ 100

第四節　實驗教育學校治理的展望與期許 ⋯⋯⋯⋯⋯⋯⋯ 103

第 6 章　　**實驗教育如何滿足特殊學習需求**　　**105**

李協信

第一節　特殊需求的類型 ··· 107

第二節　滿足特殊學習需求的前提 ································· 107

第三節　實驗教育中提升特殊需求孩子學習的策略 ··· 109

第四節　結語 ··· 115

實驗教育實踐論

第 7 章　　**「集結眾人之力」：編織臺灣教育未來的想像之網 119**

蘇仰志

第一節　打開教育的想像 ··· 121

第二節　臺灣獨有的「草根性格」 ······························ 122

第三節　像新創般的孵化教育創新 ······························ 126

第四節　影響力資本 ··· 128

第五節　結語：建構臺灣教育創新生態系的提問與想像 ··· 132

第 8 章　　**創意思辨、適性探索與跨界取向的人文與藝術實驗教育 135**

詹家惠

第一節　跨界整合、創意思辨的人文藝術設計教育的辦學
理念 ··· 137

第二節　以適性探索課程培養人文藝術及文化創意產業的
未來人才 ··· 138

第三節　培養原創思維、跨域發展的校園文化及課程教學 142

第四節　結語 ··· 153

第 9 章　金色童年、大進為伴　　　**157**

謐志銘

第一節　宜蘭縣辦理實驗教育的沿革 ⋯⋯⋯⋯⋯⋯⋯⋯⋯⋯ 159
第二節　大進國小的實驗教育辦理歷程 ⋯⋯⋯⋯⋯⋯⋯⋯ 160
第三節　大進國小的實驗教育課程規劃與推動 ⋯⋯⋯⋯ 168
第四節　實驗教育成效 ⋯⋯⋯⋯⋯⋯⋯⋯⋯⋯⋯⋯⋯⋯⋯⋯ 180
第五節　結語 ⋯⋯⋯⋯⋯⋯⋯⋯⋯⋯⋯⋯⋯⋯⋯⋯⋯⋯⋯⋯ 182

第 10 章　生態建構：陪伴兒少越過「拒學」之高牆　　　**185**

賴聖洋

第一節　拒學理論與觀點 ⋯⋯⋯⋯⋯⋯⋯⋯⋯⋯⋯⋯⋯⋯⋯ 188
第二節　實踐之現場 ⋯⋯⋯⋯⋯⋯⋯⋯⋯⋯⋯⋯⋯⋯⋯⋯⋯ 192
第三節　陪伴者的展望與期許 ⋯⋯⋯⋯⋯⋯⋯⋯⋯⋯⋯⋯ 199
實驗教育經驗談 ⋯⋯⋯⋯⋯⋯⋯⋯⋯⋯⋯⋯⋯⋯⋯⋯⋯⋯ 200

終　章　展現教育新面貌的實驗教育　　　**203**

林雍智

第一節　教育創新與實驗教育 ⋯⋯⋯⋯⋯⋯⋯⋯⋯⋯⋯⋯ 205
第二節　從就學主義到修學主義：學習的制度哲學革命 ⋯ 207
第三節　實驗教育的自由與公義：教育的公共哲學轉變 ⋯ 211
第四節　將實驗教育的成果還元給社會 ⋯⋯⋯⋯⋯⋯⋯ 214

參考文獻　**217**

後記　**225**

序 章

多元活潑彈性
交織的實驗教育

林雍智

　　實驗教育近年來在我國發展極為快速，它豐富了教育的內涵、創新了教育的做法、擴充了學習的路徑。總結來看，當你想要認真了解實驗教育時，你會發現它帶來思想上的解構與做法上的創新，讓我們再一次回顧、省思過去許多習以為常的做法，但同時也可能發現實驗教育歷經數年發展，仍未能解決許多教育上的根本問題，它更帶來了一些並不存在於正規教育體制中的新問題，等待我們像翻轉正規教育體制到實驗教育思維般，再翻轉一次「腦味噌」（腦みそ，即指大腦知能）去構想解決之道。

　　本書《實驗教育面面觀》是一本針對當前重要的實驗教育議題進行析論的專書。本書將讀者群設定為關心實驗教育的親、師、生與校長、研究者等人，因此內容乃著重於近期受矚目的實驗教育熱門議題。各章論述的主題或許在正規教育中也做得到，並不一定需要透過實驗教育才能做，但在以實驗教育為框架下的實踐歷程和成果，又會和在正規教育下的實踐產生何種不同面貌？甚至，各章的內容又會帶給讀者什麼樣的省思？你想要如何再改進，以創新來翻轉實驗教育？

　　本書也是一本需要閱讀時，在思想上「翻轉再翻轉」的論著。讀者需要將自己對各議題的看法拿出來和各章論述比較，進而發現異同或是下一步的發展線索。這樣的理路，就是為了回應實驗教育的多元、活潑與彈性。因為實驗教育一旦被當代人的我們定義了一個典範樣態，那就要等著下一代人再開創「新・實驗教育」來顛覆我們了。接下來，請接受本書的邀請，進入實驗教育多元、活潑與彈性的面面觀殿堂。

實驗教育的發展

　　實驗教育（experimental education）在我國社會風土下能夠成形，並如眾人所見，在今日逐漸開展出豐富的樣貌，與我國在「民主化發展的腳步」與「國民本就重視子女教育」的觀念有著極大的相關。在政治與社會上，1992 年解除戒嚴，使社會開始邁向民主化道路前進，政治枷鎖的解放，不僅讓社會充滿活力，也促使了 1994 年的「410 教育改革大遊行」與隨後而來的教育改革進程。日本學者篠原清昭（2017）對這段進程的描述是：「臺灣的政治民主化帶動了教育民主化的發展，而教育民主化的發展又促進了教育自由化的發展。」他認為臺灣的教育民主化是一種透過教育運動的再歸因的民主化，其具體展現在國民促成政府先解構既有教育體制，再重新建構一系列的新作為。因此，實驗教育的各項政策、方案、案例，也可以算是在摸索建立新教育時的各種嘗試。

實驗教育的發展源起

　　在如此能動（動態）的社會發展下，原稱為另類教育（alternative education）的實驗教育，漸次的引進國外各種另類教育做法，或是基於國內的特性，規劃出異於學校教育的課程和教學模式，來試圖解放僵化的教育體制，為孩子的學習找到「另」一扇窗。林雍智（2022a）將我國實驗教育的發展階段歸納為：(1) 萌芽期（1996 以前）；(2) 試辦期（1997-1999）；(3) 法制期（1999-2000）；(4) 成長期（2000-2014）；(5) 精進期（2014-2018）；與 (6) 轉折期（2019- 現在）六個階段，其中第一階段的「萌芽期」，就是從當時出現於各地的體制外教育單位的年代計算起的。這一個吳清山（2015）稱之為「醞釀期」的階段，國內出現了森林小學與全人實驗教育學校等，但也因為遊走在法令邊緣，此階段的實驗教育發

展得跌跌撞撞，並不順遂，此情況要等到 1999 年《教育基本法》立法制定後，才算透過對教育權、學習權的確立，讓辦理實驗教育可能性大幅提高。

法源的取得

在體制外教育人士不斷的訴求、衝撞，以及提出許多辦理另類教育的成功案例之下，實驗教育的法源終於在 2014 年底立法通過，取得了納入體制內的法定地位。2014 年底通過的法規，係以具有法律位階的「條例」來規範，並使用「實驗教育」四字作為法定用語，統合了過去的另類教育、含有體制外色彩的理念式教育等之稱呼。

有關實驗教育的重要法律，包含了《學校型態實驗教育實施條例》、《非學校型態實驗教育》，以及在立法當初，原稱為《公立國民小學及國民中學委託私人辦理實驗教育條例》，後更名為《公立高級中等以下學校委託私人辦理實驗教育條例》的三部條例。也因如此，世人將其通稱為「實驗教育三法」。隨著三法的通過，相關法規也逐一發布，例如三部條例的施行細則、原住民族實驗教育辦法、實驗教育學校及機構聘顧外國人辦法等，讓實驗教育的射程（範疇）更完整的覆蓋到各個面向。接著在「實驗教育三法」後，實施實驗教育的規範，也陸續利用修訂《國民教育法》等重要法源時，回過頭寫入母法源的修訂條文中，進一步與母法源融合（註一）。政府也意識到在制定新法時，要一併將實驗教育的規定涵攝到新法之中（註二）。這些都象徵一個事實，也提示了一個方向：**教育體制因為實驗教育的加入而更為多元，且實驗教育因融入教育體制而更為確立**。加入實驗教育的教育體制，已經在學制圖的側邊畫下了一條細小的軌道（圖 1），未來隨著實驗教育的發展，這一條軌道亦將變得更有份量，它可能取得向下延伸的機會，也會擴大向高等教育階段延伸的管道，形成一個完整的學習路徑。這對參與實驗教育的學生、家長，以及辦理實驗教育的單位來說，都是一個令人安心的發展。因為，實驗教育的成果無法一

蹴可幾，能連貫的、穩定的求學，是開展孩子自我潛能的關鍵因素。

　　最後，實驗教育的這一軌，更將會成為有份量的教育體制一分子，讓過去常用的「體制外」這個特有名詞消失成為死語。

圖1
實驗教育在我國學校系統（學制）圖中的軌道

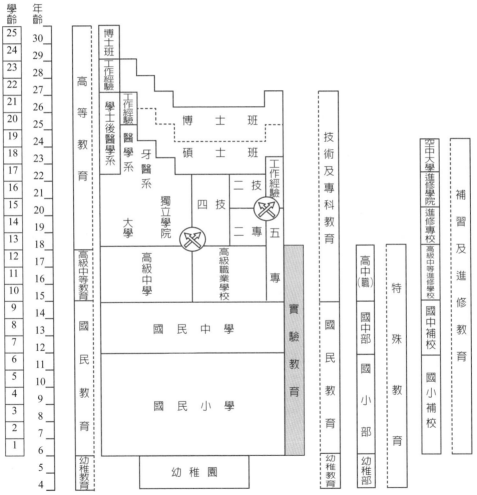

註：筆者修訂；實驗教育目前已涵蓋國小、國中與高中階段，且各大學亦逐步以「特殊選才招生」名義招收實驗教育參與者，讓實驗教育軌道朝對應完整學習階段發展。

不斷增加的參與者

　　實驗教育的參與者數量變化，一直是「實驗教育三法」制定以來各界相當關注的議題。因此，如政府部門的「教育部」和民間單位的《親子天下雜誌》等，都會定期的進行各種實驗教育參與者的概況統計（親子天下，2023）。受到關注的常見統計資料，聚焦於三大部分。其一是學校型態實驗教育，即實驗教育學校的校數及學生數；其二是非學校型態的機構、團體數量與參與學生數；其三是個人式實驗教育，亦即個人自學的學生數。圖 2 所示資料，為實驗教育學校（含委託私人辦理學校）的校數與學生數；表 1 的資料則為合計個人、團體與機構的各年度參與非學校型態實驗教育學生數。

圖2

全國高中以下實驗教育學校校數及學生數

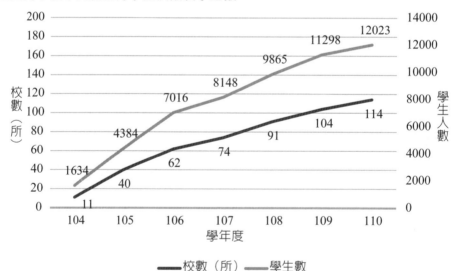

註：引自高級中等以下學校實驗教育概況，2023a，教育部統計處。https://stats.moe.gov.tw/statedu/chart.aspx?pvalue=51

表1

非學校型態實驗教育學生概況

學年度	104	105	106	107	108	109	110	111
國小	2,480	3,183	3,663	4,257	4,740	5,533	5,972	6,595
國中	857	1,015	2,293	1,393	1,610	1,735	2,014	2,224
高中	402	787	930	1,203	1,577	1,589	1,694	190
合計	3,739	4,985	6,886	6,853	7,925	8,857	9,680	9,009

註：引自非學校型態實驗教育學生概況，2023b，教育部統計處。https://data.gov.tw/dataset/46719

　　檢視圖 2 的資料，可以得知兩項重要訊息：(1) 實驗教育學校數及學生數逐年提高；(2) 實驗教育學校自 106 學年度起，成長有趨緩現象。從第一項訊息來推論，參與學生數必然隨著校數的提高而增加，但為何第二項所示的校數會有成長趨緩的現象呢？實驗教育學校係由公立學校轉型與新設而來。《親子天下雜誌》認為學校轉型熱退燒、辦學挑戰多是成長趨緩的原因之一（許家齊，2021）。其他的因素還有「從草根開創到有資源者辦學」與「升學銜接的問題使得高中少於國中、國中少於國小」等，這些觀察指出了實驗教育發展上的挑戰。不過，筆者認為依照法規，實驗教育學校的校數最高僅能到一個縣市政府總校數的 5%，因此在快速增長後，由於辦理額度所剩不多，因此縣市政府必然會精挑細選合適的學校辦理，以求善用額度，當然也就使得校數成長趨緩。不過，辦學品質與升學銜接等事項的確也是必須精進的課題，未來仍需要透過成效檢核（例如計畫、評鑑與畢業生追蹤等）機制改進。

　　至於表 1 的資料也帶來幾項重要的訊息：(1) 參與非學校型態實驗教育的學生數，幾乎能匹敵參與學校型態實驗教育學生數；(2) 每學年度國小學生數皆高於國中與高中學生數的加總；以及在該表中未分列的 (3) 參與團體式和機構式實驗教育的學生數，約等於個人自學的學生數。從這些訊息可推論出家長為孩子選擇的實驗教育上，非學校型態與學校型態是等量的，這些在過去尚未存在實驗教育的時代，依法應該要被「強迫入學」

的孩子，如今已可選擇學校以外的學習模式，且急速上升的人數亦告訴我們「**走這一條路並不孤單**」。其次，申請個人自學者，其計畫書必須通過實驗教育審議會委員審查方可執行。但日益增加的申請人數將使有限的審查人力無法細膩審查，也會增加在訪視或輔導自學生上的難度，此亦是待解決之問題。

肆 如何解析實驗教育發展上的意義？

實驗教育參與者數量的逐年增加，雖然呈現出實驗教育不斷成長的趨勢。不過，在成長線圖上不斷抬升的右肩中，我們卻無法看到每位孩子參與實驗教育的目的。儘管人數不斷提升，相較於主流、正規教育，實驗教育仍然是一條占比極低的小徑。孩子與家長為何願意投入風險高於正規教育的實驗教育來挑戰自己？是想從實驗教育中找到自我天賦、挖掘自己的潛能？或是孩子本就難以適應學校生活，而被迫選擇實驗教育？又或是具有如體育、舞蹈、音樂等才能，因參賽、訓練等安排致使無法配合學校行事，才選擇實驗教育？或者，孩子參與實驗教育，純粹是父母單方面的期待？又或者，孩子根本不想要學習，而傾向無壓力的參與實驗教育，去面對／逃避自己「學習」？

要解答上述問題，必定不能透過統計圖表，而需近距離觀察各種參與實驗教育者的樣態，或者透過與他們的訪談、座談或相關質性文字訊息方能掌握當前實際的概況。不過，這並不是一項容易做的工程。對參與幾個縣市實驗教育審議會的筆者來說，透過審議、訪視、評鑑獲得了更多理解孩子需求的機會，但就人數上來看其實也僅占一小部分而已，還談不上形成大數據進行分析判斷的狀況。此若對一位想要幫孩子規劃是否參與實驗教育、參與什麼型態實驗教育的家長來說，其獲得資訊的管道就更狹窄了。其次，對於從事某一個特定理念實驗教育的教師或領導者而言，實驗教育還有其他各種理念以及延伸做法，這些不同的做法有什麼值得參考的呢？或許教師們平時忙著改進自己的教學，並無暇兼顧更廣面向的增能探

究。因此，本書成書的目的，乃在於協助參與實驗教育的親師生，能夠透過書中對實驗教育各種理念與辦學案例的詮釋，能更加了解自己（和孩子）。唯有如此，您所理解的實驗教育，才會符合實驗教育的多元、活潑與彈性。而不會將自己想定的美好道路設成達到美好的唯一道路，而在不覺之中反而背離了實驗教育的精神。

第二節

實驗教育的意涵

實驗教育，實驗的是什麼？黃志順（2022a）認為實驗教育是一個回應教育沉痾的機會。它是一個改正過去僵化教育體制，協助孩子從學習出發，學習應付日漸複雜多變的未來生活及環境局勢，養成面對未來社會需要之能力／素養的機會。他更認為，實驗教育是讓**教育回歸到教育應該有的樣子**」的教育。也因此，在他的見解下，「實驗」從來就不是實驗孩子，該實驗的是政府、制度、教師、課程，以及家長。吳清山（2015）、林雍智（2022a）則認為實驗教育是一種「突破傳統思維與現行體制框架」的教育模式，其在理念的引導下，不僅可以重新界定學校教育的定位，透過反思教育本質，讓孩子──這個學習主體的學習自主權與個別性向得到尊重，進而找回人的尊嚴。

以缺乏實驗教育專法、沒有實驗教育之名，卻有 free school、華德福學校、耶拿學校等實驗教育之實的日本來說，日本在 2021 年提出「個別最適化學習」（individually optimized learning）、「協作學習」（collaborative learning）兩大理念，作為對現版課程標準實施方向的補充（中央教育審議會，2021）。個別最適化學習的理念亦和我國實驗教育中強調學生適性的理念相同。不過，經由個性化（依學生的個性與進度學習）與個別化（教師依學生的學習需求調整內容與進度）所構織的個別最適化學習，也有可能讓孩子陷於孤立。因此，「協作學習」概念就是用來

補正個別最適化學習之不足的。和日本相同的，臺灣最近也強調「分組合作學習」、「非認知能力」（non-cognitive skill）以及「社會情緒學習」（social & emotional learning, SEL）等概念來強化孩子與他人、社會的互動，而這些想法亦是實驗教育的重點，例如實驗教育學校在設計主題式課程時，或是個人自學者在擬定學習計畫時，都會被審議委員叮囑此部分必定不能遺漏。

　　綜上所述，實驗教育的意涵在提供孩子一個在邁入「可以選擇學習的時代」時，可以得到最適發展的機會。在內涵上，實驗教育具有「理念性」、「多元性」、「鬆綁與彈性」，也是一個活潑、重視個別需求的教育體制和模式。實驗教育不是否定學校教育，也沒有否定現行課程綱要（畢竟許多實驗教育學校仍緊密的追隨課程綱要）；實驗教育也不是教育哲學領域中提到的「非教育」或「反教育」。儘管我國現行法規將實驗教育的實施型態限制在「學校」與「非學校」，再進一步的將非學校設定為「機構」、「團體」與「個人」，且要求機構不得稱為學校、民間公司等營利法人不得辦理實驗教育機構等，但這些規範都是為了管理機制上的便宜而設定的。讀者在看待實驗教育時，不宜將規範窄化為限制，並以自己非常了解這些限制而誤認為自己也十分了解實驗教育。因為，一旦跨出國境，這些限制都不再存在，而是要以外國的規範來看待實驗教育。而實驗教育本身的意涵就是解構的。需要解構、創新的教育，因為正規教育做不到，所以我們才需要透過實驗教育制度帶來的一些彈性空間去嘗試。

　　在當前少子女化、教育科技進步的環境當中，有一些人正在利用實驗教育的模式實現其他的可能性，傳統的升學管道可能會因少子女化和實驗教育的成熟發展而自動打開窄門，歡迎每位對自己的學習和生涯有獨特規劃的孩子。實驗教育的意涵，正處於不斷建構、持續定義的階段中。

第三節

本書的章節鋪陳

本書將讀者群設定為關心實驗教育現況與發展的學生、家長、教師，以及實驗教育的經營管理者。因此內容上，如同前述，乃在秉持實驗教育的特性，以協助讀者追求定義「實驗教育的意涵」而成書。當然，本書亦可供教育主管機關在擬定實驗教育政策，或是師資培育大學開設實驗教育課程時作為參考讀本。

因此，本書在序章與終章之外，設定「實驗教育構造論」、「實驗教育方法論」與「實驗教育實踐論」三大篇。並以每一篇二到四章，共計10 章的篇幅，擘劃出書名「實驗教育面面觀」的完整圖像。

撰寫序章和終章的理由，一方面是要改進我國叢書以第一章為初始章之做法。因此乃援引日本著書之格式，設序章「**多元活潑彈性交織的實驗教育**」簡述本書目的和各章內容。再以**終章「展現教育新面貌的實驗教育」**作為全書的總結，並同時拋出未來實驗教育發展上的問題供讀者思辨。此外，本書在撰寫風格上也儘量的平衡生硬的學術專論和過於軼事描述之色彩，期能透過流暢的論述，兼以案例表、圖、照片等讓讀者更易理解各章內容。

「實驗教育構造論」篇共有二章，由兩位主編分撰，依序是**第 1 章「2024 年的實驗教育與 2030 年的實驗教育」**與**第 2 章「實驗教育的課程觀，是什麼、要幹嘛」**。本篇係在二章中整理實驗教育的理論框架與最近發展中的重要議題，例如我們應該如何看待實驗教育的課程、教師如何在教學上依課程觀運思等問題，其撰寫目的在於協助實驗教育找到發展方向。因此，將此系列稱為「構造論」。

「實驗教育方法論」篇共有四章，分別是**第 3 章「實驗教育學校裡的戶外教育經營」**、**第 4 章「實驗教育中的『行者』走讀三部曲」**、**第 5 章「實驗教育理念與學校治理的遭逢對話」**與**第 6 章「實驗教育如何滿足特**

殊學習需求」。本篇主要目的為分享不同的理念，一來豐富實驗教育的內涵，二來提示讀者其他實驗教育的實踐途徑。這四章的內容為活躍於實驗教育中的「方法」、「思維」或取向，本篇邀請的作者，也都是長期在各自領域努力成長、追求卓越的專家。經由他們的說明，可以讓讀者認識到「要如何做」才能將美好的理念付諸實現。

最後「實驗教育實踐論」篇也有四章，邀請到四位實驗教育單位的代表，敘明自身實踐實驗教育理念的辦學案例。**第 7 章的「『集結眾人之力』：編織臺灣教育未來的想像之網」**闡述的是在我國教育民主化後開放的天空下，可以透過跨界、跨領域、跨部門的協作，來打造一個共好、共創、共贏的社會設計。教育在匯聚學校、政府、產業、社會、公民的力量下，將打造一個創新的生態系。這也是實驗教育所帶來空間和能扮演的角色；**第 8 章的「創意思辨、適性探索與跨界取向的人文藝術實驗教育」**係在介紹一所以人文及藝術教育、經由跨域學習讓學生適性探索生涯的「學學實驗教育機構」。該機構招收高中階段的學生，在實驗教育領域中，它是一所極有特色的機構；**第 9 章「金色童年、大進為伴」**分享了位處充滿綠意的宜蘭縣冬山鄉田園間的大進國小，如何在轉型上汲取探索教育、冒險教育的精神辦理「山野樂園」實驗教育的案例；**第 10 章「生態建構：陪伴兒少越過『拒學』之高牆」**則將焦點關注於一所陪伴拒學或有身心狀況孩子的陪伴者實驗教育機構。該機構提出了以生態建構的方法輔導陪伴拒學孩子，讓他們走出壓力、迎向所願的人生。筆者在審查個人自學計畫書時，發現約有三成孩子因為身心狀況而拒絕學校，且這類型孩子的人數逐年遞增，此亦代表實驗教育也應該照顧到弱勢的孩子。是故，相信陪伴者的足跡能引發更多人共鳴。

本書的價值

　　本書為兩位主編繼《實驗教育》專書上梓後，再一次集結當前實驗教育的議題和案例所彙編的專書。《實驗教育》一書所論述的重點在於實驗教育的基本概念，例如實驗教育的本意、法規制度、各種辦理型態、課程教學與評鑑、教師專業發展、常見的實驗教育理念與案例等，是一冊想要了解實驗教育全體輪廓的讀者可首先閱讀的專論。本書的重點則在於接續前書在基本概念上尚未提到的部分，例如未來的實驗教育與實驗教育課程觀的引導功能上論述。編排上，本書也力求安排相似的架構，例如兩書在最後數章都有介紹幾所具有代表性的辦學案例，以增進閱讀上的可對照處。建議讀者可以搭配兩書閱讀，擴展對實驗教育的認識。

　　目前市面上有關實驗教育的出版品，大都屬於「提倡某單一特別教育理念」或是「介紹某一個實驗教育學校或機構、單位」的論著。對於設定為俯瞰實驗教育完整面向、具體闡明一些創新領域該如何做，復以介紹實驗教育案例，使讀者能跨越地域、教育階段與學習領域，進而廣泛性探討實驗教育的專書仍不多見。因此，本書的出版，應能填補在活字上探討實驗教育各議題的需求。其次，本書也期待提供家長更充足的訊息，協助其在為孩子選擇接受實驗教育時能做出正確的判斷。本書的「方法論」各章，可能是教師在實驗教育或正規教育的課程中都有使用到的策略。此時實驗教育的教師可參考他人的經驗來精進自我的課程與教學，若是一般正規學校的教師，也能看到實驗教育的教師是如何做的？再想想這些理念在自己的教學環境中能否也有導入的空間。

　　實驗教育將不斷的展現教育的新面貌。本書的定位，就是擔任引導者的角色。十年前，可能僅少有人能預測到實驗教育在今日的蓬勃發展，十年後的人們，又會如何評價當前我們對實驗教育的發展方向所下的決定？就讓本書及後續的系列專書來陪伴我們一起探討吧。

註　釋

註一：例如將實驗教育規定列入在 2023 年 6 月修訂的《國民教育法》第 6 條、第 10 條與第 11 條中。

註二：例如於 2023 年通過的《國民小學及國民中學實施混齡教學或混齡編班實施辦法》，即有規定實驗教育學校若有實施混齡教學，必須按其實驗教育計畫書之規範執行，若計畫書的規範中無特別提到相關事項，方可依照該實施辦法辦理。

實驗教育我想想

　　代表體制化之前的另類教育理念，且具理念教育、創新教育色彩的實驗教育，目前在「實驗教育三法」上定名為「實驗教育」。命名為「實驗教育」是我國的特色，東亞的韓國稱之為代案教育、日本則直稱其為「另類教育」。

　　然而，「名稱」往往會引導參與的人進入它所設定的意識框架中。例如有了「實驗」兩字的實驗教育，是否成為了一種教育上的「實驗」，而和另類教育時代所倡導實行的「特定教育理念教育」邁向分歧道路？

　　其次，既然是「實驗」，就應該設定期程，也需要定期檢視是否有效，是否有助於孩子的成長？而不是無止境的成為平行於正規教育的軌道。這是當初有識者為了打開教育體制窄門時的主調嗎？

　　想一想，你認為有更貼切的、可以代表「實驗教育」的最佳詞彙嗎？

　　孩子的成長無法重新再來一次，若實驗的結果不太理想，應該如何補救？

　　目前，一些公立學校也開辦實驗教育，他們有將辦得好的經驗複製到正規公立學校，帶動學校教育的進步嗎？

　　也有一些實驗教育機構或團體租借學校釋出的餘裕教室辦學，而進駐校園。如果你是該學校的教師，你會不會懼怕家長可能因目睹實驗教育單位帶動的活潑化，而要求你也須改變既有的教學模式？

實驗教育構造論

第 1 章

2024 年的實驗教育與 2030 年的實驗教育

林雍智

　　教育是漫長的歷程，若合計自學齡開始接受教育到出社會為止所需的年數，這個動輒十六年，甚至是十八年以上的光陰正是一個人養成完整人格、培養在社會生存的能力與追求幸福的關鍵時期。東亞國家自古以來皆相當重視教育，家長在望子成龍、望女成鳳的期待下，當自己有能力時，通常也會給予子女更優質的受教機會，期許子女能向上階層流動及營造美好人生。

　　相較於正規教育，實驗教育更具有理念性、多元性，它提供了一個「鬆綁現有教育模式的限制，以彈性方式辦學」的空間，因此它更能夠對應到參與者的個別需求，彰顯出學習者的主體性。為了滿足家長對教育的期待，實驗教育也受到市場機制影響，許多當前國際社會重視的教育理念及新興的教育思潮、方法等，也會成為實驗教育所追求的目標。

　　實驗教育在我國自 2014 年底立法通過迄今，隨著各型態實驗教育單位和參與者的增長，已開創過去未曾想到的局面，並累積許多實踐經驗。承襲這些豐富的經驗，未來的實驗教育又該邁向怎麼樣的道路？為提供關心實驗教育的讀者，特別是已加入或即將加入實驗教育的孩子以及家長，本章將從未來教育的願景談起，再分析 2024 年的實驗教育與 2030 年的實驗教育，以整理出實驗教育發展的脈絡，提供作為選擇是否參與實驗教育、踏上這一條漫長的教育路時之參考。

未來教育的願景

　　人們對教育的想像在於認為透過教育，可以引領孩子追求更美好的世界。若仔細思辨對未來教育的命題，大致上如「該擘畫哪些願景」、「透過哪些途徑達成」、「公民社會的當前課題」、「全球環境變遷下的依存」、「尊重孩子的學習權」、「培養孩子未來社會的生存能力」等關鍵詞會出現在各種倡議、文獻、政策宣言中。若再以已開發國家和發展中國家兩種不同經濟發展情況來區分，已開發國家的未來教育會討論到教育的公平與正義、追求高品質的教育與終身學習，而發展中國家的首要目標則側重於消除文盲、提升基礎教育的普及率，以及透過提升教育發展經濟等。從方向性來看，這些教育發展的目標有的是為了消除不利教育的各種因素，有的則是在追求「應然」面上去省思與尋找教育如何帶領人類提升維度，邁向下一個次元。

　　近十年來，有鑑於社會發展的快速變遷、科技的進步與全球化議題的發展，大部分的國際組織與國家在看待未來教育該如何做時，皆將 2030年設定為一個達成願景與期許的時間段，並提出邁向 2030 年的教育應該要做的、應該會改變的各事項。例如聯合國教科文組織（The United Nations Educational, Scientific and Cultural Organisation, UNESCO）在2015 年時公布 2030 全球教育最終報告，並以「教育 2030：邁向包容及平等的優質教育和全民終身教育」為主題，在南韓的仁川發表「仁川宣言」（The Incheon Declaration），提出未來的新教育願景（UNESCO, 2015）；經濟合作及發展組織（Organisation for Economic Cooperation and Development, OECD）在 2018 年發表「未來的教育與技能：教育2030」，提出改進教育系統的方向，例如進行國際課程分析，開展新的學習生態系統等（OECD, 2018）；刻正受到全世界各國政府重視、由聯合國（United Nations, UN）會員國於 2015 年所採認的「永續發展目標」

（Sustainable Development Goals, SDGs）也將第四項目標設定爲「優質教育」（quality education），並以確保有教無類、公平以及高品質的教育、提倡終身學習作爲核心內容（UN, 2018）；另外，世界經濟論壇（World Economic Forum, WEF）則在 2020 年提出教育白皮書，闡述在教育 4.0 的全球框架下，未來學校應具有的八項特徵（WEF, 2020）**〔註一〕**。由此來看，這些重量級國際組織所擘畫的教育願景，必然對各國教育發展帶來重大影響，促進各國對教育政策的檢討與創新（黃政傑，2019）。追求這些願景與目標，乃成爲了一場壯觀的教育運動，政府、民間部門、家長、學生皆參與其中，此當然也影響到實驗教育辦學者、參與者及研究者看待實驗教育的願景、目標和價值。

　　人是活在當下的動物。當下的實驗教育辦學者要主張其與傳統教育、正規教育的不同，有很大部分是基於對進步價值的論述，才能吸引到家長與孩子的青睞，進而願意投身其中。這當中當然也不乏重視傳統精髓的辦學者，更有堅持自己獨特理念的辦學者，以及援引歐美百年以來的另類教育理念，再予以添加最新理念者。不過，實驗教育爲了要顯現出與正規教育的區別，它就會想要這樣做：(1) 首先要符合上述國際機構提出的教育願景（人家有的我們也有），跟緊國際變化的腳步；(2) 再提出超越現行改革，例如課程標準／課程綱要的先進做法；(3) 以辦學成果佐證在未來教育各方案上的落實程度。

　　因此，當在預估實驗教育的發展或評價其價值時，實驗教育單位落實上述國際組織揭示的教育願景程度多寡，往往會是利害關係者衡量的指標。本章將分別從 2024 年與 2030 年二個時間點來探討實驗教育在這一條時間線上的樣貌。會選擇這二時間點的理由是 2024 年係爲本書出版的年代，該節所述爲自 1990 年代另類教育在我國萌芽以來，經過 2014 年「實驗教育三法」公布再到今日，實驗教育所呈現的綜合風貌，這是一個基於歷史與現況的描述。其次，「2030 年的實驗教育」一節則是預估實驗教育在六年後可能產生的變化。未來雖然無法精準預測，但是綜合現有資料研判，亦多少可描繪出方向性。六年光陰對一位上國小一年級的孩子

來說，也僅剛好完成國小的學習階段而已。因此，從現在這個時間點起算，六年後的實驗教育（孩子升國中時）會有何種轉變，這種方向性的推測也可以作爲判斷是否加入實驗教育的參考。

2024 年的實驗教育

實驗教育自立法以來，得利於新大陸的開拓，許多過去未曾有過實踐機會的教育理念，紛紛覓得符合自己的水土而開枝散葉。對自萌芽至2024 年的實驗教育進行歷史性脈絡整理與總結式分析，這種基於事實的評判具有明確性，亦可作爲探索未來實驗教育發展的引子。茲從四面向整理當前實驗教育的樣貌。

 ## 辦理型態

依據「實驗教育三法」之規範，實驗教育的辦理型態分爲學校（包含學校和委託私人辦理）與非學校二大辦理型態。其中，非學校型態實驗教育又可分爲個人、團體與機構式實驗教育三類。此種依據法令的區分法本無太大疑慮，不過實際運作情形在立法後的短短八年間，卻與此區分產生一些以下提到的落差。

一、學校型態

學校型態部分目前仍以公立學校的「轉型」辦理占絕大多數，私立實驗教育學校僅有位於臺中市的磊川華德福實驗教育學校一所。八年來，有幾所私立學校亦提出轉型爲實驗教育學校的申請，其目的可能爲改稱「實驗教育」學校有利其招生，不過各地的主管機關甚少核准此類的私校轉型，固然《學校型態實驗教育實施條例》的權利主體係在規範私立學校辦

理實驗教育，但推估可能因為少子女化等因素造成的學校經營危機，目前國內私立學校成功轉型實驗教育學校的案例仍不多見(註二)。

二、個人自學算不算實驗教育？

　　個人式的自學，依《高級中等以下教育階段非學校型態實驗教育實施條例》第 4 條第 1 項之規定，係指學生個人在家庭或其他場所實施之實驗教育。然而綜觀現行申請自學計畫者之理由，有許多並未符合實驗教育的「具有特定教育理念」要件。例如具有身心狀況學生的自學，以適性、陪伴、諮輔為主要目的；以體育競技為目的之自學生，申請主旨大部分在於平衡練習、參賽和學習，此時各領域的學習時數或是活動安排僅是一種彈性的調整，其與「實驗」的關係性較少。由於個人式自學從 1997 年臺北市核准在家自行教育（homeschooling）算起，一直被歸類為體制外的教育模式，也因此在立法過程中被統籌置於實驗教育法規中其實有脈絡可循。但未來是否應將此類學習樣態與實驗教育區隔，仍有討論的空間。

三、自學生參與實驗教育團體及機構的選修課程

　　自學生目前可以選擇與學校合作，利用部分時間回設籍學校參與課程。但學生是否能利用部分時間參與實驗教育團體或機構的選修課程，以掌握該時間段的師資，並求得比較有系統性的課程與學習輔導？此狀況在現行法規中是不被允許的。若從另一個角度來看，團體、機構所招收的學生數必須明確呈報主管機關，且短時間、大幅度的學生或師資異動亦不被允許。因此本項問題的解方，亦需要從利害關係者多面向的需求和立場來討論解決途徑。

四、機構能否稱為學校與機構間的結盟增生

　　依法規，實驗教育機構在我國是不允許稱為「學校」的，其負責人則稱為「實驗教育計畫主持人」。但此規定卻與社會習慣與國外做法不同。在外國，此類型機構通常被稱為學校（只不過這類型的學校並不是傳統定義，或是由教育主管機關所成立，或認可的學校）（永田佳之，2005；

宋美蘭，2018；Barrington, 2023）。儘管如此，家長和學生仍然通稱機構爲學校、負責人爲校長。這種經由嚴格性名詞界定來區分實驗教育實施主體的做法，由於和社會習慣不符，未來可能會遇到修法的訴求。其次，由於機構的招生人數受限，同一辦學者爲求普及自己的教育理念而申辦二個以上機構的做法，現階段越來越不受主管機關歡迎。因此，未來是否出現多個機構以加盟形式，例如便利商店或補習班般組成實驗教育辦學聯盟，亦值得關注。

課程理念

　　實驗教育單位所秉持的特定教育理念，需以課程作爲實踐途徑。林雍智（2021）曾依照國內各種實驗教育的實施情形，採用不區隔學校型態或非學校型態的做法，將當前的實驗教育課程理念分爲「自編模式」、「特色課程增加模式」與「借用模式」三大面向（圖 1-1）。

圖 1-1
實驗教育的課程模式分類

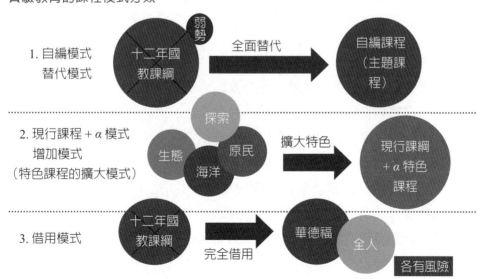

註：引自實驗教育：**偏鄉學校活化處方籤**〔主題演講〕，林雍智，2021，南臺科技大學，臺南市。

一、自編模式

　　此模式係指全面排除現行十二年國教課程綱要之規範,以替代課程的方式來達成特定教育理念,並填滿學生的日課表。此模式由於需要教師全面性的編製新課程,因此少有實驗教育單位採用。更多的實驗教育單位會採取依年遞減課綱課程數的方式,讓教師有足夠時間發展自己的課程。其次,自編模式也要處理課程不按課綱實施而使學生讀、寫、算基礎能力跟不上課程的問題。教師此時需要透過緊密的跨領域結合課程,或是將基礎能力訓練單獨拉出教導,來使學生習得支撐各種實驗教育課程所需的基本素養。

二、特色課程增加模式

　　此模式為國內目前較多實驗教育學校採用的課程模式。例如在特定教育理念,例如「生態」、「探索」、「文化傳承」、「美感」、「自主學習」、「原住民族」、「全人」、「海洋」等理念下建構出特色課程,並透過排除課綱所規定的各學年段授課時數限制,將上述特色課程增時,使其可以發揮出較正規教育更大的成效。不過,也因為採用課綱課程的正規學校亦有透過校訂課程發展特色的空間,因此使用此模式的實驗教育單位也可能遭到「與特色學校／教育」並無太大不同的批判。

三、借用模式

　　借用模式指的是援引在國外已經實施數十年,具有成熟經驗的另類教育理念,作為該實驗教育單位的核心教育理念。由於此模式已有豐富的教材、教具與課程實施經驗,因此引進後可以快速上手。目前如華德福、蒙特梭利、耶拿計畫等理念都有實驗教育學校借用。不過,此模式的師資培育途徑較為特殊,經常受限於外國機構開辦的培訓與認證課程。因此,此模式的師資養成是否需依賴國外機構培訓、其模式做法能否在地化調整?對政府的師資培育體系來說是一個攸關自尊心和自信心的挑戰。

參 教學模式

　　依據前述國際機構對未來教育的倡議與當前各種新興，或受到矚目的教學理念，實驗教育單位的教學模式相較於正規教育，亦會產生以下各種模式。

一、混齡教學

　　混齡教學或混齡編班在一般學校與實驗教育單位有不同的定義。在 50 人以下的一般小型學校，混齡教學係以跨年級教學（multi-grade instruction）的方式存在，將同學年段（即低、中、高年級）或相鄰兩個年級的學生組成混齡式單位進行合班教學（洪儷瑜，2018）。此時，混齡教學強調的是不同年級學生在教師的差異化教學下能否各自達成學習目標。另一方面，實驗教育的混齡則基於特定的哲學理念，例如民主式的混齡、同儕互動式的混齡、不分年齡或地位的混齡等，其更加強調學生的群性培養。以耶拿計畫為例，其在國內的實驗教育學校做法上，亦有出現跨大年級混齡的情況（例如將國小 1-3 年級、4-6 年級編為 2 個混齡班）。

二、以學生為主體的教學

　　實驗教育較重視學生作為主體的教學。是故，一些符應此理念的學習理論，便會用來作為實驗教育單位的教學模式。例如自主學習（self-regulation learning）、主動學習（active learning）、個別化教學（individualized instruction）、個性化學習（personalized learning）、分組合作學習（cooperative learning）、PBL（project-based learning）等，這些學習理論亦會配合 ICT（資訊通訊技術）、AI（人工智慧）等科技的輔助，深化與加廣學習的層次（林雍智，2019）；日本在 2021 年提出的「令和的日本型學校教育」教改方案中，以實現「個別最適化學習」和「協作學習」為目標，其亦指引了日本教育的方向性（溝上慎一，2021）。整個來看，以學生為主體的教學模式，亦和培養核心素養、學到帶著走能力的國際發展目標一致。

三、走讀、體驗與戶外教學

　　走讀教學、體驗教學、戶外教學等雖非實驗教育專屬的教學模式，但由於在使用上更能達成實驗教育的目標，因此作為和正規教育中的單元式、一次性「校外教學」的區隔，走讀、體驗、戶外等理念在實驗教育中乃成為系統性課程的一部分，並透過跨領域、多個單元的方式構成完整的課程地圖。此種教學模式在運用上，最常援引「經驗主義」的「從做中學」作為理論基礎。然而在實施歷程中，它又可能超越 20 世紀經驗主義的主命題，而以一種「青空教室」：即學習是以「發生在各種設定好的廣泛場域，且每個場域環環相扣，透過俗民誌、田野調查等方法論形成孩子完整的領域概念和基本能力」方式存在。因此，此類教學模式的潛在能量，值得進一步探究。

肆　政府的支持與抑制

　　實驗教育發展迄今，固然是民間有識者不斷衝撞、叩關所得到的果實，然而政府亦扮演了能否讓此花朵盛開的關鍵角色。從序章中所列的實驗教育校數（學生數）、機構團體數及個人自學者數的增長資料，雖可大致判斷出實驗教育在立法後的八年得到了快速增長，但也可嗅到了政府開始抑制其增長速度的味道。造成此結果的理由，一方面是由於快速發展帶來品質良莠不齊的疑慮，一方面也有保障正規教育不因實驗教育的蓬勃發展受到威脅，進而破壞教育的穩定性之意味存在。目前，政府同時扮演了支持和抑制的角色。

一、支持

　　政府的支持，既有：(1) 鼓勵有意願的公立學校轉型辦理實驗教育，並給予輔導與經費支持；(2) 設計實驗教育中心專責辦理實驗教育各種行政業務；(3) 媒合實驗教育單位租用學校餘裕空間辦學；(4) 透過競爭型方案補助實驗教育機構豐富辦學資源；(5) 實驗教育往國中階段、高中階段

銜接的延伸（增加校數）；(6) 大學端特殊選才招生管道的擴大等（林雍智，2022c）。

二、抑制

　　政府的抑制上，也有：(1) 保守地維持法律規定的實驗教育學校數占比（原則為 5%，但經教育部同意可以提高至 10%）；(2) 新設立實驗教育單位的審查日趨嚴格，以確保辦學品質；(3) 個人自學生與高級中學的合作事項並非無條件合作（因為高級中學非屬義務教育階段，大部分需尊重高中的規劃）；(4) 政策上仍不同意補助義務教育階段參與民間實驗教育學生的教育費（公民團體雖已於 2021 年發起倡議活動）；(5) 未積極推展成功實驗教育經驗與正規教育的融合等做法。

　　當提到政府的支持和抑制時，我們不能無視市場這個「看不見的手」的作用。市場機制當然無須政府控制，自己就會有調節的功能，例如家長也會多方比較實驗教育單位的課程、收費等，不過衡諸當前各種因素來看，實驗教育在進入第二個十年（即 2025-2035）時，相較於量的增長，質的確保可能會被政府視為優先度較高的施政方向。

　　本節以上從辦理型態、課程理念、教學模式與政府的支持與抑制來析論 2024 年時間點的實驗教育。九年來快速擴張的實驗教育雖打開了教育上許多的可能性，但也同時帶來了新的問題。新的問題的產生，可能是當初法規規範的密度不足所造成的，也可能是實驗教育市場在競爭日趨激烈下產生的變形。限於篇幅，本節僅概括性的論述幾項重點特徵。

　　當看到實驗教育發展中產生的病理或缺陷時，我們可能也想要進一步探求「它還能存活多久」、「它是否能改善」等問題。不過，從更高的位階來看，實驗教育是在引導一場「學習的制度哲學」革命（篠原清昭，2023）。在那當中是人權、學習權、教育權的再定義，它的高度必定會在數年內讓低位階的病理得到法規、政策的修正與實例的累積。也因此，下節談到的「2030 年的實驗教育」乃是以大方向性為主軸的路徑預測，而非侷限於改進技術層面的討論。

2030 年的實驗教育

實驗教育發展到 2030 年會呈現何種樣貌？它在整個教育體制中又扮演何種角色？相信是關心實驗教育者想要持續跟進的話題。到了 2030 年，許多現正參與實驗教育的孩子將走出大學校園，成為社會的新鮮人或是繼續深造，屆時將會有足夠的資料來回溯檢證實驗教育的成效。本節將基於當前實驗教育的發展趨勢預測 2030 年時實驗教育的樣貌，茲從三面向描述 2030 年實驗教育的樣貌。

實驗教育參與者占比的提升

以各教育階段參與實驗教育的學生人數的成長趨勢來看，參加人數定會持續成長，其在所有學齡階段學生數中的占比亦會提升。然而，若將各型態實驗教育參與者數做一區分，不同型態實驗教育的參與者數量，卻可能出現下述差異。

一、學校型態實驗教育

由公立學校轉型辦理實驗教育的實驗教育學校，由於校數受到法規限制，且當前各縣市大致已用完額度，再增加的幅度已不大。對地方政府來說，廢止成效不佳的實驗教育學校，因為牽涉層面與影響範圍太大，此選項不到非不得已時基本不會使用。由於實驗教育學校需定期接受評鑑，因此評鑑結果的處遇，亦會成為維持，或者是改變實驗教育學校「特定教育理念」的依據。

目前實驗教育學校數，以國小最多，國中次之，高中最少（包含完全中學）。不過，參與實驗教育的孩子仍需要一條能直通大學的完整實驗教育路徑。因此，至 2030 年時的實驗教育學校發展，除了高中、國中或是完全中學校數還會擴充外，亦定會出現九年一貫制的「實驗國中小」樣

態，並和完全中學以平行存在方式，提供家長多元選擇。

　　在少子女化發展下，國小學生人數將從 2023 年的 1,236,131 人減至 2030 年的 1,029,978 人，約減少 20 萬人（教育部，2022）。這也促使除大都會外各地學校的小規模化。一些未能加入實驗教育行列的學校，亦會開辦一些具有實驗性質的課程，以試圖確保學生人數，使學校不至於遭到整併（林雍智，2019）。換句話說，不管「實驗」是否到位、是否有成效，透過「實驗」辦學將成為一個合乎時代需要的選項，此對於想要轉型為實驗教育學校的私校來說，不管申辦結果如何，招牌上打出「實驗」的名號，亦是一項生存對策。

二、實驗教育機構

　　實驗教育機構的數量，自立法至 2024 年間的大幅成長後，市場逐漸產生飽和狀態。不同機構的辦學，在理念可行性、收費、師資素質、辦學空間、財務運作、學生表現上也出現良莠不齊現象，更在市場機制下使競爭白熱化。未來，新申辦的機構將會被要求在審議時便需具足以下條件，否則難以取得立案資格：(1) 特定教育理念具有獨特性；(2) 收費合乎大眾之合理性認知；(3) 師資具充足專長並有專業發展機制；(4) 辦學空間完整且充足，且可長期穩定使用；(5) 負責人與教師薪資等財務運作合於非營利組織精神；與 (6) 具備學生輔導與危機處理專責人力。

　　因此，到 2030 年，實驗教育機構的辦學，會逐漸朝向策略聯盟分享師資與專業人力，或是透過異業結合，例如聘請心理諮商專家擔任各機構的輔導教師、邀請帶領建教合作、實習、戶外體驗的人才兼任課程等方向發展。此時，實驗教育的辦學方除了機構本身外，還可能加進創新育成單位（例如資策會輔導的單位）、協會、學會、社會企業甚至是民間公司等作為實驗教育的孵化器，構建出更大的實驗教育辦學網絡。

三、實驗教育團體與個人自學

　　「團體」係指由數個家庭組成的共同學習社群，依法不得對外招生，負責人也應具有家長身分。然而，由於家長未必具有教育專業能力，現階

段想要為子女選擇以共學方式參與實驗教育的家長，有可能會聘請具辦理經驗的專家協助。如此一來，就會模糊了團體或機構的界線，讓團體的組成元素不再單純。

　　另一方面，相較於學校教育，個人自學充滿了自主、自由、彈性、多元，以及不必舉出明確的學習目標亦可以執行的特色。個人自學可以解放孩子在拔尖、特別學習性向上的束縛，也可以緩解身心氣質特殊、具有特殊需求孩子的壓力，且法規並未限定申請人數。因此邁向 2030 年，自學的申請者數將會持續上揚。

　　然而，就如同特殊教育領域中的「在家教育」並不是放任孩子全部時間在家自學，仍有學校、教師或專家提供的巡迴、輔導、諮商等課程。政策上，對個人自學者亦不能完全放任之。一則是義務教育階段的孩子具有受教的權利，作為義務主體的政府具有提供孩子受教機會的責任。二則是個人自學的課程品質控管的問題，個人自學者設定的課程，若有合適的專家協助授課，就可提升學習品質。因此，一種媒合個人自學者參與部分機構、團體所提供的課程，或是參與非屬實驗教育辦理單位，例如博物館、民間協會等的帶狀課程者之變通做法，將會逐漸受到討論而合法化。此外，「政府是否補助自學者的教育費？」此種爭議將會提上檯面進行正反面之議論，最終形成政策上的共識。

 實驗教育升學銜接的管道統合

　　目前實驗教育所涵蓋的教育階段，屬於《國民教育法》與《高級中等教育法》所規範的國小到高中階段。為打造完整的學習路徑，落實實驗教育的「向下銜接」與「向上延伸」，已是箭在弦上的急務。

一、向下銜接

　　向下銜接係指國小階段的實驗教育與學前階段幼兒園兩種教育單位的聯繫。幼小「銜接」（transition）這個議題在我國早在 1990 年代時便

已有許多討論，例如 Bronfenbrenner（1979）、Kagan（1991）、蔡春美（1993）等人曾針對「銜接」提出如生態銜接、連續性銜接、垂直銜接、水平銜接等概念探討幼小如何銜接的相關議題。綜合來說，幼小銜接是幼兒園和小學兩端的共同責任，經由兩方努力，方能協助孩子銜接的好。

　　自我國另類教育時代起，許多實驗教育的理念便來自沒有國定課程拘束的幼兒園，當前實驗教育的辦學者亦有很多出身幼教經營者。因此，銜接上並無太大問題。惟因實驗教育的規範起自國小階段，因此未來辦理實驗教育的國小也應做好向下銜接，讓接受實驗教育的孩子取得系統性的學習途徑。

二、向上延伸

　　對於實驗國中的學生來說，要申請實驗高中或是通過會考升學一般高中；對於實驗高中的學生來說，要升上哪所大學，需不需要參與指定科目考試等，都是影響其在接受實驗教育課程中能否專心發展自我特色的問題，也是家長是否讓孩子繼續參與實驗教育的考量。教育是一個漫長的過程，無法在短期即看出成效，實驗教育更是如此。當前由於實驗教育的成長和少子化的發展下，2030 年的向上延伸機會，推估會比現階段有更多選擇且更具規模。

　　做此研判的理由有二，其一是國中階段參與實驗教育的學生在申請實驗高中時，通常不需要極出色的會考成績表現。公立的實驗高中更看重學生所擬定的學習計畫與生涯發展規劃，因此本部分將不再是問題。其二是大學端因應生源的減少，各系以特殊選才管道優先錄取出自於實驗教育體系的學生，亦不失為辦學上的好選項。到了 2030 年時，「升大學」這一條軌道將會被打通，且變得更寬廣，孩子將可以更專注於個別最適化的學習安排，進一步加速教育的自由化。

參 實驗教育的公共化與貴族化

實驗教育發展至今，已脫下早期的汙名化、體制外、反主流標籤，成為學制地圖的一軌。但是當其在試圖擴大辦理規模時，關心實驗教育者對於實驗教育是否能維持教育的公共性、是否因市場機制而貴族化、是否導致 M 型化教育而排除貧窮家庭向上流動的可能性，也會產生疑慮（王俊斌，2022；黃志順，2023）。這些議題牽涉到的是教育經濟學、教育社會學、經營管理領域上的爭論。但不管如何爭論，在資本主義的社會下，教育本就難免會被當成似自由買賣的商品般的看待。此在沒有實驗教育的時代如是，在開啟了實驗教育的潘朵拉寶盒後更是。

在此之中，政府應該要做的是：一方面抑制商品化實驗教育的增長速度（如同打房），畢竟有能力的家庭，在全球化潮流下亦可以選擇赴國外就學，政府回頭限縮只是讓其加速外流；一方面以積極性的差別待遇來協助、保障站在實驗教育另一端的弱勢孩子，以保障教育的公平與正義。

若無走向歧路，2030 年的實驗教育將會透過反覆檢視「特定教育理念」來確保參與的孩子與正規教育孩子學習上的連結性。從實驗教育畢業的孩子在社會上從事的工作性質與經驗談等，也會被蒐集來檢證各項特定教育理念的價值。這些資料或許可能顛覆實驗教育辦學者和教師當前的主觀認定，但英國學者 R.S. Peters 提出的「合價值性、合認知性、合自願性」的教育規準，仍會是評判實驗教育成效的有用尺度。

第四節

串接現在與未來的鏈結

教育是知識與經驗的不斷重組。實驗教育走過來時、跨越當前、邁向未來，對時間上來說，是一條做了，就無法後悔的路。實驗教育和正規教育一樣，主體皆為「人」，一旦是人，就沒有後悔藥。未來之所以讓人恐

懼，就在於它可能帶我們踏進了無法精準預測的世界。我們能夠做的，就是建構一條串接現在與未來的鏈結，讓我們多一分掌握它的方向性，進而使心靈感到踏實。

　　具體而言，該如何建立一條可以串接的鏈結，可以秉持前人對實驗教育劃下的原則進行。菊地榮治、永田佳之（2001）提出實驗教育單位被期待的經營方向，有「社會適應指向」、「個性指向」、「開放性指向」三種；黃彥超（2019）主張實驗教育學校應關注「跨領域素養導向學習」、「以學生為中心的在地連結」、「公民責任」、「親師生共榮的永續發展」、「在地國際化」與「教師專業發展」等事項；王俊斌（2022）則聚焦在課程轉化與學習表現上，期待「特定教育理念」能透過課程決定（例如學校目標、課程發展、教學實踐、學生經驗）而落實。彙整上述，本章認為在打造一條串接現在與未來的鏈結上，有以下三個努力方向。

　　第一項是跨領域的聯絡與研究。由於實驗教育的射程已超出教育學門各子領域的範疇，導致沒有一個領域可以覆蓋所有實驗教育接觸的面向。為改善此問題，需要透過垂直與水平的連結，並對實驗教育議題進行學術研究，才能擴充實驗教育的內涵位階，而不至於停留在淺層的現象比較上。其中，水平連結意指跨教育與其他如管理、法律、文創、藝術領域的聯絡，跨領域的聯絡不但可豐富實驗教育內涵，更可協助孩子找到未來的方向。

　　第二項是落實個別最適化的學習。實驗教育幫忙找出了不適應學校教育，在校園中難以學習，例如拒學、特殊需求、身心症等弱勢的孩子。這些原本潛藏在學校、班級當中的孩子，可能是一種放大的存在，也可能是一種無聲的存在。基於這些理由而需要自學或加入實驗教育的孩子，可能遠比現在參與者人數還多，因此，如何為這些孩子做好安置（例如陪伴、輔導、打造一個不稱為「學校」的教育場域等），亦是實驗教育能否綻放多元價值的重要指標。

　　第三項是新興教育理念的互享。放眼當前實驗教育單位的辦學，一定會發現有些在做的事是相同的，部分實驗教育單位更可能隨著國際教育動

向的改變，快速的更換理念。要因應這個問題，政府和民間可打造實驗教育單位間的聯絡平臺，例如以辦理期刊、論壇等方式互通有無，收取良性比較之效益，也可以組成教師專業成長支持系統，透過相互派遣講座共享經驗。各種從國外引進的新興實驗教育理念，在本土化轉化下往往展現出較原生國家更精采的樣貌。這些都是臺灣實驗教育的特色，也是實驗教育永續發展的資本。因此，值得透過共享機制，深化實驗教育的內涵。

實驗教育要從 2024 年邁向 2030 年，需要我們理解並給予正確的評價，也需要我們站在「人」——即實驗教育的主體上，來看待他如何讓人長得更像人。或許處於競爭、不寬容的社會中，教育的投資無法單純論計盈虧，符應東方國家的家長對孩子成長的期待，正是讓實驗教育進步，彰顯其價值的理由所在。

註　釋

註一：世界經濟論壇提出的教育 4.0 框架，包含「全球公民技能」、「創新和創造力技能」、「技術技能」、「人際交往能力」、「個性化和自定進度學習」、「無障礙和包容性學習」、「基於問題和協作的學習」以及「終身學習和學生驅動型學習」八種學習內容和經驗的關鍵轉變。這些「代碼」不僅成為當前各國教育發展的方向，更是實驗教育辦學者設定特定教育理念時的重要參考。

註二：私立學校在正式立案名稱以外，為了招生方便，亦可稱自己為「實驗」學校。但此「實驗」名稱並非依《學校型態實驗教育實施條例》之規範而來。

第 2 章

實驗教育的課程觀，是什麼、要幹嘛

黃志順

如來所說法，皆不可取、不可說；非法、非非法。

《金剛經‧無得無說分‧第七》

　　基於特定教育理念而辦理的實驗教育，其教育實施的內容──亦即課程，是最核心，也最受重視的部分。課程屬於「教育內的事項」之一，是在實驗教育實踐中最可以做專業處理的事項，實驗教育單位要建構什麼樣的課程，可依憑辦學者、教師團隊的課程觀而行。然而，這種課程觀到底應該依附主流實驗教育的派典（paradigm）衍生，還是憑靠辦學者對孩子應該學的教育內容的想像？在有限的學習時間內，實驗教育的課程應反應出何種需求？課程又應有什麼樣的內涵？

　　本章從實驗教育的課程觀談起，引領讀者一起來思考「課程」這個在實驗教育中最易被檢視的核心議題。筆者從教師教學運思的核心工作架構概念中，提出一個三層和九大面向的課程觀，期待教師能更細緻且又具備宏觀視野地回應「實驗教育課程觀」這個問題，再以「以證據作為探究與評估的實踐」，整合各因素及層面的利器，讓「教師教學運思的核心工作架構」發揮效益。其最終目的無他，就是讓實驗教育回到教育的本質，回到學生學習的真義。於此，這樣的課程才有努力建構的價值。

非法、非非法

　　基於「特定教育理念」而來的實驗教育實踐，若是聚焦在課程教學評量的面向，照理說就會有各自特定的，或是一套套獨家的「課程觀」（curriculum perspectives）。例如「蒙特梭利教育」（Montessori Education）以「跟隨孩子」（follow the child）的課程觀點，就很理所當然迥異於「華德福教育」（Waldorf Education）以 Rudolf Steiner 人智學（Anthroposophie）注重身心靈平衡發展的全人教育，或是以「對話、工作、遊戲與分享」四大基本活動為主軸，強調在自然的情境中激發孩童思考與學習的「耶拿計畫教育」（Jena Plan Education）。依照各自所本的「特定教育理念」而建構的「課程觀」，對課程教學評量的執行及預設，會採取不一樣的做法。即使在同一個「學校型態實驗教育」法律構念下的「公辦公營實驗學校」，也會因為各校所端出的「特定教育理念」不同，而開展出來不同的課程觀點，現場的實例及樣態非常多，也經常是報章媒體報導或專題的介紹重點（親子天下，2023）。

　　青菜蘿蔔、各有所好、擇其所愛，乍看之下也符應了實驗教育所主張的「教育選擇權」這件事。問題是，在實驗教育現場百花齊放、眾聲喧嘩的實踐經驗裡，這些林林種種的不同，真的有以受教端的孩子、真的是學習者為主要的考量？還是只滿足了辦學者自己的理念，或者只是讓為孩子決定擇校的家長，做出了一個「不一樣的選擇」而滿足所謂「教育選擇權」的發生，卻未完備地考量孩子的學習方式、內容及品質是如何建構而來，甚至根本沒有關注到孩子的學習需求？

　　如果如上文所述，這些課程觀是如此迥異於主流、多數、大眾教育樣態的課程觀點，就是要與所有人不同，才能襯托出自己獨有的「實驗教育的課程觀」。那麼身在辦學營運系統中的執行者，例如教師、家長、校長等「利害關係人」，要長出什麼樣的覺察或意識來面對這處境？這又意味

著，或是能帶給現場第一線的教師，怎樣的教育可能性與發展機會？

　　回到孩子學習、教師教學、學校治理、家長參與，這最基本的校務運行的層面來看，辦理實驗教育關於課程教學的面向，到底有沒有所謂「實驗教育的課程觀」？這個「課程觀」是要幹嘛？

第二節
實驗教育的課程觀不需「新意」而需「眞義」

　　延續筆者對於「實驗教育的課程、教學與評鑑」所論述（黃志順，2022b）：

> 　　對於實驗教育課程、教學與評鑑的偏見，認爲所謂的實驗教育更該具備了一種不同於現存於學習現場的課程教學與評鑑方式。簡單地說，所謂的實驗教育課程教學內容與方式，以及怎麼確保或維繫品質，關於評鑑的事，就被設定爲應該要與「非」實驗教育學校有明顯的不同，才是所謂的「實驗」。……
>
> 　　實驗教育的課程、教學與評鑑，不是爲了與眾不同，而是爲了實現「特定教育理念」，並且是「應以學生爲中心」而做的努力與實踐。越是把這個問題意識嵌繫在規劃、思考及執行實驗教育的現場裡，我們便越能掌握所發展的課程、教學的實施及評鑑的確保，是不是能貼近教育的本質、孩子學習的眞義。
>
> （頁99）

　　這裡彰顯兩個非常關鍵的論點：**「教育的本質」**、**「學習的眞義」**。如果實驗教育的課程觀點不是標新立異，或是在既有或熟悉的課程觀點另增或新增眼花撩亂的「新意」，那麼各類實驗教育類型的教育工作者、辦學端的負責人，即使立基於各自不同的「特定教育理念」，並且以「學生

為中心」而做的努力與實踐，面對課程發展、教學實施、評量歷程時，教師心裡所構思的圖像與架構就應該會有相互共通的元素或特質。那會是什麼？尤其置放在「實驗教育」的發展脈絡裡，這樣的課程觀點要幹嘛？

筆者將其稱為「教師教學運思的核心工作架構」，並且深刻地認為，越是把這個「教師教學運思的核心工作架構」問題意識嵌繫在規劃、思考及執行實驗教育的現場裡，我們便越能掌握所發展的課程、教學的實施及評鑑的確保。

第三節
教師教學運思的核心工作架構

2023 年 7 月初，筆者接受新加坡教育部的邀請，擔任「2023 年學前華文教師研討會」（新加坡教育部推廣華文學習委員會，2023）專題講座（keynote speaker），當天面對臺下大約近 1,000 位與會教師們，因現場的氣氛讓筆者很有感觸，隨手在紙上寫了幾個概念語詞，然後把這些概念串一串，嘗試找出彼此之間的關係而形成簡單的架構。筆者上臺後，沒有急著講述原先備妥的演說內容，而是直接請教師們先把這個架構放在心裡，當作是聽筆者講述的內容時，非常基礎但需要一直去勾起的對話視域及思考框架。當時在講的時候，很直覺地對在現場的教師們這樣說明：

> 這些概念是我在教學工作時，面對孩子（不管是大學生或是小學孩子）各種的學習特性、面對所要教授或是談論的議題內容，我需怎麼去了解如何知道或判定孩子的學習狀態，或是我怎麼看待自己的教師工作，要怎樣置身在這個運思流程當中，以及這些問題之間彼此的關聯性及各自的內涵。所以，各位老師們請不斷地把我講的東西與這個架構對接，會比較容易進到我談的內容，到底我在講什麼、在乎什麼。

　　「教師教學運思的核心工作架構」（the core work structure of teachers' teaching thinking），如下圖 2-1 所示，主要的概念有九個，並分列於三層當中。這三層是上下交疊的關聯，而且會以「**中間層**」作為進行教學時的思考流程。但光有中間層次的運作往往無法實際運行，必須要有「**底層**」概念的基礎，才能夠讓中間層的運行不會天馬行空。更重要的是，必須奠基在底層的根基上，以中間層及底層的交互運作為基礎，還必須拉高到「**上層**」的運思判斷，並且作為提升整體教師教學運思工作的指引，才能夠讓教師教學運思工作的運作得以定錨，且具備發展性。這三層與九個概念分別是：

圖2-1
教師教學運思的核心工作架構

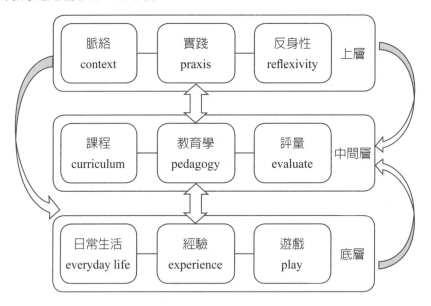

壹 中間層：課程、教育學、評量

中間層包含「課程」、「教育學」與「評量」三項概念。

一、課程（curriculum）

具體指稱應該是「課程發展」（curriculum development），就是教師怎麼把構思好的學習內容，對應於其知識本身的邏輯性和一致性，不僅能符應各類認識論、技能習得及情意陶冶之間的適切性，而且能夠具備對學習內容的敏銳性，以避免教師自己和學習內容及社會既定氛圍下的偏見，讓孩子能在教師的協助下，透過合宜的學習內容推進，慢慢在教師安排與預備好的教材系統裡，過渡到有本事能自己找出自己擅長與充滿熱情的學習面向。

二、教育學（pedagogy）

爲何不是「教學」（teaching）而是教育學（pedagogy）？「教育學」當然包含了教學，卻又不僅只是思考與執行教學方式或技巧。教育學是教育的方法論，研究可用於實現教育目標的方式和實踐，這個研究與思量的過程，更在乎教師透過教學的歷程，如何影響學習者的社會、政治和心理層面的發展。尤其如何去理解學生的需求，以及著眼於個別學生的背景和興趣，來調整及形塑教師自己的教學判斷和策略（Pedagogy, 2023; Shirke, 2021）。

三、評量（evaluate）

評量是最簡單可被理解，卻也最容易被誤解的概念。簡單的理由爲：不管哪一種教學或教育的安排與措施，主事者都必須弄清楚到底所做的事情、投入的資源和各種的改變，其效果和影響爲何？這裡，進入最容易被誤解的就是以「被檢查」、「要監管」或是任何具備「攻防對陣」的姿態看待評量這件事。

　　相對的，筆者認為必須以「實在且正直的評估，到底自己做的怎麼樣、效果如何、與預期的距離差多遠。」重點在於「誠懇以對評量」（integrity evaluate）。瞞者瞞不識、識者不能瞞。誠懇老實地面對自己，並且讓事實及證據說話，只有自己知道，到底做得怎麼樣？還差多少？

貳 底層：日常生活、經驗、遊戲

　　底層包含「日常生活」、「經驗」與「遊戲」三項概念。

一、日常生活（everyday life）

　　最淺白的說法就是「過日子」。學習者的生活從來不是斷裂的，教學者也是，但回到教育場域裡往往刻意忽略或是迴避這個狀態。尤其是「學校型態」（schooling）的教育，為追求 Rehamo（2022）所述的「教育現代性」（educational modernity），而忽略甚至切斷了學習者（學童）的日常生活，讓孩童在「擬態」（mimicry）的方式進行知識、技能與情意方面的學習。例如以劃分學科的方式來學習問題或現象本身，而非整體的生活經驗與浸潤的方式學習，便往往讓學習者在學習歷程中見樹不見林。教學者的課程觀，需著眼在師生的日常生活為源頭，並且搭載著「師生互為主體性的經驗流」（the flow of experience in which teachers and students are intersubjectivity）（趙曉維，2000；施宜煌、賴郁璿，2010），才能讓教師進行教學運思時底蘊厚實。

二、經驗（experience）

　　對於「經驗」的論證一直是哲學知識論及本體論的焦點，本文無意介入，而是以直觀及教師工作現場所關注，尤其是杜威在《經驗與教育》（Dewey, 1997）一書對經驗以及關於教育的主張為焦點。例如杜威所指稱關於經驗的規準：連續性（continuity）與互動（interaction），便深刻著眼於學習者的主動性以及師生之間、學習者同儕的社會歷程。尤其在《經驗與教育》一書第 17 頁所指出：教育就是在經驗當中產生、藉由經

驗而發展，並且為了經驗而進步（education is a development within, by and for experience），更是明白揭示教學者在構思考量課程教學與評量時，必須回到學習者的既存與連續發展的經驗本身，並且構築在師生互動歷程中，不斷豐富經驗、修正調校、回饋精進以獲得增長。

三、遊戲（play）

筆者非常喜歡席勒（Friedrich Schiller）在其著作《美育書簡》（*On the Aesthetic Education of Man*）的觀點：「只有當人完全成為人的時候，他才遊戲；只有當人遊戲的時候，他才完全是人。」（Von Schiller, 2018）席勒更以普遍可理解的「遊戲」概念作為調節理性與感性的橋梁，就像遊戲這字在英文裡的 game 和 play，都有「啟動」（action）的意涵。於是在遊戲中，蘊藏了意義的探問與追尋，反映了社會與個人的關注和連結；在遊戲中，成人與孩子不停地透過沉浸其中的歷程，以追問每次行動的邏輯和規則；在遊戲中，自由和創造的需求更勝於規範性。遊戲蘊含了自由的意義。當一個人自由時，他才遊戲，否則他只是工作（梁可憲，2011）。於是「遊戲」聯繫了「日常生活」及師生「經驗」，奠基了「教師教學運思的核心工作架構」深刻底蘊。

上層：脈絡、實踐、反身性

上層包含「脈絡」、「實踐」與「反身性」三項概念。

一、脈絡（context）

脈絡為具「現代性」（modernity）的教學場景（楊洲松，1998），尤其是「學校型態教育」，期待透過教學者的設計過程，讓學習者能夠在「自外於」真實的社會文化情境脈絡下，在「不過度」受干擾影響下，以最低投入資源與成本產出極大化的教育成品。

於是，訴求情境化的教學布置、問題導向性的學習方案、真實性的教學評量等等，類似彌補因「去脈絡化」下的人為教學介入所導致的困境。

現代教育基於「成本效益」（cost-benefit）的考量，這樣做有其可以理解之處，但教育往往因忽略了脈絡因素而產生雖然不急迫卻更爲深刻的負面效果，反而讓教育現場的困境治絲益棼。於是當教學者愼思課程教學評量安排時，最上位的引領方向便是讓教學不斷地回到脈絡裡，從孩子的差異性與處境出發、從師生的關係著眼，讓孩子安置在學習脈絡當中。

二、實踐（praxis）

「實踐」與「實務」（practice）不僅是意義上的差異，更是典範上的不同。說句大白話就是，教學從來不是用說的而已，就是要投身其中、親身試煉。於是實踐概念意涵包含了行動與反省；發生在眞實而非想像或假設的世界中；所發生的眞實情境是一個互動的社會，是與他人一起行動，而非對於他人的行動；實踐的世界是建構的，而非自然的世界。實踐不僅發生在建構世界中，也是一種反省性地建構或重新建構社會世界的行動；是一種產生意義的過程，是社會性地建構而非絕對或獨斷的（Grundy, 1987）。更明白地說，教師的教學實踐並不只是一種外在教學行爲的表象，更是一種內在課程意識的寫照（龔心怡、林素卿，2008）。

三、反身性（reflexivity）

反身性是當教師最關鍵、最需要的特質，而比起常聽見的「反省」或「反思」（reflect），反身性更強調行動者的主體性，如何在連結著結構性的框架或是限制裡，探索個人思維方向以及行動的可能性。透過自我內在對話的日常練習，追究自己行爲背後的價值信仰爲何、自身與他人的權力關係，進而辨識自己所在的位置，以及擁有的機會、資源與限制，然後形成下一個行動決策。反身性的自我對話，讓自己「意識到」與「辨識出」與其他人的差異以及自己的結構性處境，尤其是面對無法規劃和預期的處遇，甚至遭遇挫折時，才能有機會發展出自我調節與改善的能力。反身性是「教師教學運思的核心工作架構」的上層結構中，對於如何成爲教師，最爲切身的引導特質。

實驗教育課程觀的綜合考量

　　如前文對於「教師教學運思的核心工作架構」的論述，分項說明九個概念的內容，以及三層彼此上下交疊的關聯和邏輯。從另一個角度來說，「教師教學運思的核心工作架構」的論述是具備普遍性的理論建構。用白話講，就是一個成熟教師在面對課程發展、教學實施、評量歷程時，教師心裡所構思的圖像與架構會有相互共通的元素或特質，也是教師必須具備的思考架構。那麼回應到「實驗教育」課題時，尤其是前文所論證，實驗教育的課程觀點不是標新立異，或是在既有或熟悉的課程觀點另增或新增眼花撩亂的「新意」。那麼教師該如何在「教師教學運思的核心工作架構」基礎上，一方面能更細緻且又具備宏觀視野地回應「實驗教育課程觀」這個問題。

　　筆者以「教師教學運思的核心工作架構」為內涵，再從 5 個層面的運作策略及考量因素（簡稱「5M」因素），分別為偏重教師端個人或同儕層面的考量因素，「心態」（Mindset）、「方法論」（Methodology）；偏重安排場域環境以引領學習的考量因素，「沉浸」（Immerse）、「想像力」（Imagination）。另外有一個更不能忽略或是迴避的考量因素則是「測度」（Measure）。以此「5M」因素揉合「教師教學運思的核心工作架構」，擘劃出關於**實驗教育課程觀的綜合考量**（**comprehensive consideration for experimental education curriculum**），如圖 2-2，作為整體性（holistic）的論證，以細緻且宏觀地回應「實驗教育課程觀」，不需「新意」而需「教育的本質」與「學習的真義」的「真義」。以下分述這些 5M 考量因素：

圖2-2
實驗教育課程觀的綜合考量

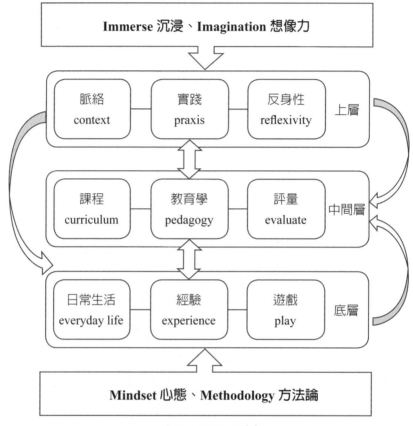

壹「心態」（Mindset）、「方法論」（Methodology）

　　這組考量因素何以偏重教師端個人或同儕層面？這是讓「教師教學運思的核心工作架構」得以生根著床的培養皿。一位教師接受師資培育課程及職前訓練，往往聚焦在「怎麼當個稱職的教師？」「如何趕緊具備教學效能的教師？」「對於學科知識、教學知能、班級經營、親師溝通、特教輔導等等能力的掌握」。這些技術及方法的學習都很重要，也是一直以來

教師職前培育以及在職進修的關注焦點。問題是少了跟教師對話與回應「學習如何當教師的所為何來？」以及「怎麼讓當教師這件事，成為一輩子都在學習和演進的課題？」簡單說，就是含括當教師這件事情的「心態」（Mindset）因素，也是教師「身分認同」（self-identity）的課題。而這個課題不會漂浮在純粹地標舉理想或是空泛清談，而是必須建立在前述各種關於「當個稱職教師的技術及方法」的學習歷程，而這便是讓所有教師的學習開展需要進一步觸及內容或範疇的「方法論」層面。但這個課題卻是教師學習歷程中，不論職前訓練或在職進修，向來所匱乏的面向。

　　「方法論」最簡單的理解就是「探究『方法』的理論」。當我們弄清楚我們是怎麼藉由認識事物、理解現象、看待問題的態度和方式，以作為回應外界、改變現狀、處理問題的根源或立場，就開始能夠弄懂學習當教師這件事情的基本假設、邏輯與原則，所關心的就不只是「當個稱職教師的技術及方法」其關於內容是什麼（What）的方法，而進入與聯繫了探究「心態」（Mindset）或是「身分認同」（self-identity），關於為何學習（Why）的深刻議題。而關於實驗教育，筆者最想說的就是自己曾在 Facebook 裡寫的這段話：

　　　You will never be able to fully control what happens to you in life, but you can control the way you react to it.

　　　Face students and difficult situations, the main purpose of a teacher mentality is to change the way you see things — change your mindset and doing everything better than anyone else, taking every opportunity to improve yourself, relying on yourself for results.

貳 「沉浸」（Immerse）與「想像力」（Imagination）

　　這組考量因素是偏重安排場域環境以引領學習，不僅能作用於「教師教學運思的核心工作架構」的實質發展，且相對應於從教師為主體，更加關注如何透過環境的整備與布建，尤其讓師生互動時，教師在面對課程發展、教學實施、評量歷程得以順遂運作，在「沉浸」的氛圍及環境，就是極佳的切入點。例如筆者常常指出整個世界就是我的學習教室；所有已經備妥的環境，無論是在哪裡，都是我們的學習校園。

　　於是這裡的「沉浸」不是指語文或雙語學習之類的「沉浸式教學法」（Immersion Program），更不是藉由各式數位技術或環境，例如 AR、VR、MR 或投影技術等，打造近乎現實的情境供學習者沉浸。而是強調如何透過教師的精心設計和想像力，想方設法讓孩子置身並沉浸在某種情境中，在「沉浸式體驗」（immersive experience）的氛圍裡獲得學習體驗。一旦如此，師生的想像力將是驅動學習的重要樞紐，而學習者和教學者有機會成為「變革者」（changer），因置身並沉浸在學習氛圍裡，又能因想像力而不受到現場或現象的限制拘束，於是拉近了人我之間、人與環境之間、現在與未來之間的界限，讓想像力無限發揮，帶動深度學習的可能性。關於實驗教育如何在「沉浸」的概念下以促發及實現「想像力」，筆者曾在 Facebook 裡寫下這段話：

　　　　All over the world is my classroom, all prepared environment is our campus.

　　　　So, there's an opportunity to be a changer, not for self but for future as now.

　　　　All our experience belongs to the world, for more bountiful imagination and better Taiwan.

參　「測度」（Measure）

還有一個更不能忽略或是迴避的考量因素是「測度」。前文在論述「教師教學運思的核心工作架構」作為進行教學時的思考流程的「中間層」當中，曾提及評量是最簡單可被理解，卻也最容易被誤解的概念，而必須以「實在且正直的評估，到底自己做的怎麼樣、效果如何、與預期的距離差多遠」，那就是「誠懇以對評量」。

「測度」更是。當主事者要去弄清楚對於所做的事情，投入各種資源以期待各種改變、效果和影響為何。更簡單具體的講，也就是「關鍵績效指標」（Key Performance Indicators，可簡稱為 KPI）是什麼？問題來了，KPI 根據什麼價值及理念來衡量其中的「關鍵」（Key）？因著這個關鍵而來的「表現」（Performance）怎麼被觀察、辨識、描述、認定、採計與權衡其品質和完成度？更要緊的是，這樣的「測度」將是支撐整個「實驗教育課程觀的綜合考量」最弔詭的因素。

因應實驗教育根據「特定教育理念」而規劃課程教學評量等面向，並且以「學生為中心」的觀點衡量取捨，自然 KPI 的設定就會根據這個價值及理念來定位。相對的，如果這樣的測度是為了證成（justification）原本我們所視以為真、堅定不移的角度，對於前述所謂 KPI 的「關鍵」及「表現」，自然而然會以趨近、合成和相應於的觀點靠攏，那麼整個讓「實驗教育課程觀的綜合考量」的演化推展就會終止。白話一點說，經由測度的歷程只是讓主事者在「同溫層取暖」的狀態下自得其樂、洋洋得意。

於是「測度」的重要性和實際作為，並不是爭辯以何種類型呈現、什麼工具描述、如何計數頻率，或採取質性或量化或混成的技術來進行。而是「以證據作為探究與評估的實踐」（Evidence-Based Practice, EBP）作為測度的方式。筆者在 The Johns Hopkins Hospital 網站中的「Johns Hopkins Nursing: Center for Nursing Inquiry」資料中介紹的研究裡，獲得很深刻的啟發（註一）：

EBP is a process used to review, analyze, and translate the latest scientific evidence. The goal is to quickly incorporate the best available research, along with clinical experience and patient preference, into clinical practice, so nurses can make informed patient-care decisions. (Dang et al., 2022)

尤其「以證據作爲探究與評估的實踐」，不僅是臨床實踐的基石，也提高護理質量和患者治療效果（EBP is the cornerstone of clinical practice. Integrating EBP into your nursing practice improves quality of care and patient outcomes）。在「實驗教育課程觀的綜合考量」裡，經由「以證據作爲探究與評估的實踐」作爲「測度」歷程，將是整合各因素及層面的利器，以讓「教師教學運思的核心工作架構」發揮效益。

第五節
「退一步、空出來」，深刻學習才有機會出現

> 一切聖賢，皆以無爲法，而有差別。
> 《金剛經・無得無説分・第七》

辦理實驗教育關於課程教學的面向，到底有沒有所謂「實驗教育的課程觀」？這個「課程觀」是要幹嘛？當我們不斷來回辯證及探問，筆者認爲，當教學者面對不同秉性風格的孩子、面對各類知識體系的學習素材、來自外界五花八門的價值期待，還有工作場域裡無可逃脫的體制框架時，若我們能鮮明意識並覺察到，作爲一個教師面對課程教學的面向，讓自己「退一步」，才能「空出來」這件事，也因爲這個「空間」及「餘地」，讓教學者能清明地面對自己和學習者的關係，讓學習者在教學者的牽引、揉合「教師教學運思的核心工作架構」並在「實驗教育課程觀的綜

合考量」下，作爲整體性的關照，才有機會讓「深刻學習」出現。

　　本章從來不是在論證一組方法或技術，而是期待經由想像、思考、對話、實踐、辯證、反思、調整、分享的歷程，讓教師「有本事」也敢於「空出來」，讓師生一起遨遊於學習的況味及感動。

註 釋

註一：有關於 EBP，在這個網頁裡有非常清晰的論述。https://www.hopkinsmedicine.org/nursing/center-nursing-inquiry/nursing-inquiry/evidence-based-practice

實驗教育我想想

　　閱讀完本章對實驗教育課程觀的論述，當你在百花齊放的實驗教育情境中，探索你想要的課程觀時，請試著思考以下兩個問題：

- 太陽東升西落，四季節氣運行。這些自然界的環境與變化，如何成爲在慣行教育系統中思考籌謀課程發展的啟示？越平常的事物，越含括了演化的可能性。你認爲如何？
- 「如來所說法，皆不可取、不可說，非法、非非法。所以者何？一切聖賢，皆以無爲法，而有差別。」這段經文的關鍵字詞是什麼？這個引自《金剛經・無得無說分・第七》的經文，讓你思索課程教學評量時，有什麼洞見或啟發。

實驗教育方法論

第 3 章

實驗教育學校裡的
戶外教育經營

杜瑋倫

　　我想帶孩子們駕帆船跨越黑水溝像鄭成功從海上視角觀察臺灣、划獨木舟到北極圈蓋冰屋、騎自行車走上絲路之旅，與其說走入戶外，我覺得用「走入真實」更貼切一些。

　　發現，在從來沒有過的經驗下發現，是一個很神奇的力量，一個驅動學習的神奇力量：發現自己會了！發現一顆長的像什麼的石頭！發現一隻有保護色的昆蟲！發現帆船真的只靠風就可以航行了！發現夥伴可以和自己搭配的很順暢！那種感動如餘音繞梁，不絕於「心」啊！

　　本章是一位多年在實驗教育的學校中致力於戶外教育的教師，在教育現場對課程設計、教學實施與如何經營戶外教育的實務觀察經驗。實施戶外教育，讓實驗教育添增了許多樂趣，也提升孩子參與學習、主動學習的動機。如此一來，或許戶外教育是一種更能體現實驗教育價值的教育活動，當在正確、體系性的教學設計下，戶外教育亦能融入各種當前世人重視的議題，讓孩子透過參與整個環節綜整與培育所需的素養。

第一節

戶外教育的定義

　　筆者小時候很喜歡下課在教室外亂竄，更是期待著每半年一次的遠足，當兵時也喜歡到營區外面訓練，當教師後發現學生還是很喜歡校外教學，因為我們都不喜歡一直待在教室裡，教室外才是好玩的地方。即使大多數的人不會讓自己在室內太久，總是有一股往外走的欲望，但是有時某些認知、特質或態度（累、太陽曬、髒臭、危險）的關係，把自己給綁住了。

　　愈自然愈原始的東西是愈有力量的，而知識技能的學習是為了知道如何把這些力量挖掘發揮出來，什麼課程適合在哪裡上就應（ㄐㄧㄥ丶）該（ㄉㄤ丶）在那裡上，教室只是一個集合、說明、作業、對話、休息的基地。嚴格地來說，在芬蘭的學校裡，可以說沒有所謂「戶外教育」這件事，因為，芬蘭的教育，本身就是戶外的（陳永龍，2015）。

　　如果要學習的主題涉及「開放空間」和「與世界的直接和個人接觸」，那麼最好在戶外進行教學（Garcia, 2003）。所以在界定戶外教育時，是一種既期待又怕受傷害的矛盾關係，筆者則從「戶外」、「教育」、「戶外教育」來定義戶外教育：

　　「戶外」用戶外，特別會被校內、校外的二元思維給限制，突破場域界限的用詞而用「不要把教室當做你的全世界，而是把全世界成為你的教室」理念為方向，接下來我們要思考的是「怎麼做」？

　　「教育」不能只是活動，不能只是好玩，而是要對於「人」有身心智靈的學習目標設定。

　　「戶外教育」讓家長能理解與放心、讓學生有想參與的動機、讓教師具備能力可以帶著大家去，運用該場域特性設計對應的學習目標並進行合適的教學。

戶外教育的現況

　　正式課程中的戶外教育，通常是一個學期一次的校外教學、偶爾的校際交流以及六年級的畢業旅行。再廣義一點說明，帶著學生到教室外面、學校外面周遭進行教學，也都屬於戶外教育的範疇。除此之外，有些學校也利用已成為傳統、較結構的特定戶外課程，例如登山、腳踏車、獨木舟等作為學生挑戰的目標。然而，戶外教育是一種持續的教育體驗，它不僅僅是一次實地考察、一週的戶外學校活動，甚至是一年一次的活動，Ford（1986）認為它必須在各個層次上教授並終生追求，才可算是戶外教育。所以戶外教育可以不只是學校的特色，而是日常，但是有太多因素限制了戶外教育課程的實施，張琪及謝宜蓉（2019）整理出臺灣發展戶外教育的五個困境，分別是行政支持措施不完備、缺乏場域資源連結、風險管理機制未完善、教師缺乏專業知能、偏重戶外活動規劃。施又瑀及施喻琁（2019）也提出更具體的五個困境，其中「教師方面」在其教學負擔、時間有限、教師共識、文化保守、家長支持、法律責任、師生比例、經費負擔等皆是核心問題。因此，實驗教育學校可在其自訂的實驗規範下解開枷鎖，讓本來就是整體課程實施的一部分的戶外教育，成為一個讓門檻愈降愈低的那個部分。

　　本章所談的戶外教育經營，是以相對容易操作的城鄉踏查、登郊山為思考基底（部分摻入水域活動），整體性的看從教師角色如何掌握戶外教育課程的實施，以及從學校立場如何推動戶外教育。透過本章的論述，希望藉由實驗教育學校的經驗，提供更多辦理戶外教育者能夠邁進到下一步。

第三節

實驗教育與戶外教育的關係

　　實驗教育和非實驗教育的戶外教育有什麼不一樣嗎？筆者認為兩者在「理念價值」與「原則方法」上，有著本質上的差異。例如委由旅行社帶領或教師群自辦，去觀光工廠操作材料包，或是同一主題下的多樣選擇等。所以，除了學校外，差異主要還是展現在每位教師個體身上。不過，學校若辦理實驗教育，它的優勢，就能夠提供有理念的教師在辦理戶外教育上一個安全的揮灑空間。

 ## 戶外教育的教育價值

　　　　如果教師不知道學生的薄弱環節，他們如何補充他們的教育？教師的教學不應該是通用的。換句話說，他們不應該以同樣的方式教導每個人。教學必須適合個別學生的需要。當然，這對教師來說是額外的工作，但如果教師想讓學生出類拔萃，那就必須這樣做。此外，教師應該對世界提供的許多機會持開放態度，其中之一就是戶外活動。（Garcia, 2003）

　　為了讓戶外教育不只是「活動」，可先從戶外教育的價值開始理解。戶外教育在課程設計上具有「真實學習情境」、「創造學習機會」與「多元視角觀點」三大特徵，以下簡述之：
　　㈠真實學習情境：戶外教育的價值在於讓學生獲得第一手資訊，由學生自己與學習現場進行真實的互動，而非被傳遞或被篩選過的資料。
　　㈡創造學習機會：認知學生有不同的學習需求，或是帶領學生進行更多樣的體驗以拓展視野。
　　㈢多元視角觀點：戶外教育可讓學生從不同的視角或角色看待同一個對象，以更宏觀、更同理的角度去感受彼此的關係。

　　至於在學生個人身、心、智上，一是擴展舒適圈，其價值在於讓學生進行屬於自己的挑戰，而且挑戰是架構在自己的能力與努力之上；二是整合性思考，戶外本身就是一個主題課程的真實情境，學生在情境中會遭遇許多問題待解決，而其途徑非只有一個；三是生理的準備，身體適能與知識技能學習可以在戶外教育中產生連結，讓平常的練習有協助目標達成的機會。

戶外教育的素養面向

　　要帶領學生從在戶外學習到能在戶外好好進行學習，基於戶外教育的哲學基礎可以歸納為三個素養面向，分別是「戶外技能」、「戶外倫理」與「戶外領導」，以下說明之。

一、戶外技能

　　戶外技能主要處理個人的技能。因為我們知道人類有尋求戶外休閒活動的傾向，因此，我們有責任教導休閒者如何在戶外舒適地生活，以及如何在對環境造成最小影響的情況下進行休閒娛樂（Ford,1986）。不管是上山還是下海，各類型項目的技能都需要專業的一步一步培養，例如陸上的健行技巧、背包裝填、方位地圖辨識、野外急救、衣著糧水準備、爐具操作等，還有海上的游泳技巧、操舟技巧、操帆技巧、流浪風潮資料、氣候理解等，這些技能都需要以專業的、有系統的方式逐步培養。

二、戶外倫理

　　戶外倫理主要處理人與環境的關係。土地倫理的發展要求我們在任何時候和任何場合都尊重土地及其所有資源，它以行動為導向培養態度，它認識到戶外教育中教授的任何內容都必須轉化為符合道德的生態行動（Ford, 1986）。倫理指的是如何與戶外環境好好相處，進而愛護戶外環境的基本原則，如無痕山林（Leave No Trace, LNT）、里山（Satoyama）、里海。戶外倫理的養成著重參考原則進行準備、實作、思

考等方式，而非只是遵守規定。

三、戶外領導

　　戶外領導主要處理人與人的連結。運用戶外環境的相對「不便利」與「具挑戰」特性，以必須與夥伴同行為基礎，進行特質分析互相理解、妥善分工互補合作、讚美反思互利前行等方法與工具的運用。

　　另外，戶外教育的各項議題常會涉及人類發展與價值的社會課題，其經由不同領域／科目加以探究，有助於學生統整各領域的學習內容，更能豐富與促進核心素養的陶冶（國家教育研究院，2020）。所以，從「素養的面向」而非「做什麼活動」開始思考，運用特定戶外課程來培養素養，再將素養應用在其他戶外課程，於是戶外課程就能再次應用在很多議題，包含特定戶外場域的自然與人文知識、操作能力上，也是因為很多議題都能從「現象」來教學，舉凡安全教育、海洋教育、國際教育、環境教育等。「現象」存在那兒，透過戶外課程帶學生去「發現」，帶領學生成為該個別經驗的第一人，素養培養與學習喜悅就能相輔相成。

第四節
實施與推動戶外教育的經驗

 ### 壹　戶外教育的帶領原則

　　所謂帶領原則，可以說是最低標準行為與保留討論空間的結合（有原則就有例外）。相較於教室內的教學，戶外教育需要更全面更即時的關注學生的身、心、智狀況。所有的戶外教育的課程發展與教學設計，都需留意三個原則：一是風險管理，舉凡天候條件、環境場地、器材使用、人員操作都要以嚴謹的方式處理；二是觀察，基於課程與安全，需要密切的觀察與記錄，包含了技能學習、人際互動、身心狀況等，隨時觀察方能

即時回應；三是對話，要更理解學生狀態，在觀察後可以透過不斷的對話來釐清觀察內容，並依循對話技巧找出學生需要被傾聽或協助的點，比如說，教師聽到「不知道」這樣的回答時，可以先回應「那有什麼是你知道的呢？」來了解學生的先備經驗，再從中提供選擇，將其需要引導出來。

戶外教育的帶領方法

基於原則，從準備、執行到省思，掌握四個重要的方法，在課程實施與教學設計上將能對應戶外教育的價值：

一、準備（好）

除了課程面的準備，進行多人路線探勘，能更全面關注所及場域的危險因子與救護資源；在課程的始末設計儀式，關注情意面的連結；標記交通路線與活動場域的休息處、取水處、廁所，妥適安排生理需求，甚至是水域活動時更多不確定因子的風險管理；尋求家長合作，藉由過程溝通教育理念，而非讓家長只是個打雜的角色（圖 3-1）；再者，學校裡要有一個隨時保持通聯的人，可以即時因應狀況發生；最後，將準備再整理及對照的價值反思一遍，將有不妥適之處進行調整。

二、自主（願）與負責

強度愈高、安全性愈嚴謹的課程，則愈要尊重學生參與的自願性。實施時能讓學生以自身的能力為基礎，即使做一步的突破也足夠，於是需有差異化的設計。以此為原則，則能讓學生為自己負起責任，實務上是問題解決要回到學生身上，而非教師。例如帶學生去健行，跑跑跳跳、前前後後很正常，但要怎麼讓安全與自在同時發生？建議方式是「孩子，你要能目視到我」，所以在轉彎處、叉路處自然會緩下腳步。如同槍是軍人的第二生命一樣，讓學生為自己的活動裝備命名，了解裝備對自己的重要性、知道與裝備共處以達成目標的願景，這些都在讓學生體會到自己是很重要的學習主體，而不只是被要求的客體。

圖 3-1
淡蘭古道之中坑古道，兩位家長分列隊伍中與後

註：筆者拍攝。

三、夥伴合作與成人支持

　　至少兩個學生為一個群體，在建立學習主體後營造學習共同體，這在水域活動（例如雙人獨木舟）尤其明顯，因為攸關生命，學習共同體必須合作；至少兩個成年人帶領為佳，所以在一般情況下，積極培養合作度高的家長同行，可互相照應；路程中，發揮自然場域的優勢──動植物、景觀，多問問題，一方面可觸發學生的想像力，例如這根木棍像什麼？營造愉悅的氣氛緩衝情緒上的抱怨，更可以由成人示範與帶領自我挑戰，例如訪問、踩水、踩泥巴等。二方面，大量且不同面向的問題，可以引發不同學習需求學生的興趣，讓每個學生都處於學習狀態中。可想而知，教師問完問題不一定要馬上得到答案，問題也都可以作為後續學習的引子。

四、對話引導

一個是跟大自然的對話，大自然給我們什麼訊息，用你的手、耳、鼻、眼去跟它對話一下；另一個是跟人的對話，一朵玫瑰花看起來美麗，是因為它同時有盛開的花、莖上的刺與待開的花苞，所以課程實施的中與後階段，教師可以帶領學生思考做得好的事、需要改進的事，以及期望做到的事。「引導」不是要孩子說出教師要的答案，而是給他們一個方向，說出他們自己的感受。

 戶外教育的課程發展

為了不讓戶外課程活動化，符應學生學習目標，將戶外教育與學校課程密切整合是課程發展的關鍵，Dillon 等人（2005）提出發展走向為將課程好好整合更有利於安排大量的時間在戶外（A → G），待整合程度愈來愈高時再擴增時間（G → I，詳見圖 3-2）。因此，戶外教育課程發展的初期關鍵期，實務上有三個關鍵思考點：

圖 3-2
課程發展模式

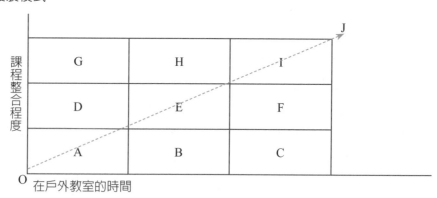

註：取自 "*Engaging and Learning with the Outdoors: The final report of the outdoor classroom in a rural context action research project*" (p. 47), by J. Dillon, M. Morris, L. O'Donnell, A. Reid, M. Rickinson, & W. Scott, 2005, National Foundation for Educational Research.

一、熟悉同一個場域

　　戶外本身就是個真實主題，「在戶外」（in outdoor）是基礎，也可以運用其進行其他的主題式課程規劃，所以一位教師（重複）能熟悉同一個場域的特性是重要的，如此一來，同樣的場域就可以運用在不同學習目標的課程，即使是同一批學生，如能掌握帶領方法要義，則學生也會喜歡再去，因為那是個能展現自己熟悉但又充滿新奇的場域。例如劍潭山步道是最接近臺北市中心的小山，可以用來認識此地人文歷史、地圖指北針的學習，也是臺北盆地綜合觀看水文系統的好地點。鹿港小鎮可以用來過鹿港生活、踏查每一個地方文化特點；可以用來參與當地社區發展、協助老屋清理與老屋建築。

二、師生能力可負荷

　　既然要讓戶外教育是日常，除了平地的場域、場館外，建議以爬郊山為考量，其有幾個特點：

　　（一）健康風險降低：幾乎沒有高山症的疑慮，即使需要救護也能迅速後撤。

　　（二）妥適時間安排：一天或二天一夜可完成，容易安排。

　　（三）學習情境搭配：單純、悠閒的健行，運用特定自然資源學習，或是生態環境永續的實踐，都能操作。

　　（四）容許錯中學習：在成人準備好的情況下，提供學生體驗試誤的機會，不管是裝備（背包、衣物、登山杖等）的妥適，還是糧與水的準備（帶多少量的糧與水、怎麼飲食）與體能的預備（包含對冷熱的感受與調節）。

　　如想往水域活動發展，可以考量使用雙人獨木舟與小型重型帆船，並規劃在近海處進行課程，則其課程發展也包含上述幾個特點。

三、取捨為聚焦目標

　　因為「學生學習過程中我們最擔心的」就是學生最需要的關鍵能力，特別是關乎「戶外領導」素養面向，運用課程手段讓學生進行人與人連結

的學習時，是最花時間與教學態度的，簡單說來即當學生進行合作學習有紛爭時，教師出手的目的是在處理「事情趕快進行、做完，學生間的問題次之」或是「帶學生們剖析問題以利解決，事情則是有進展即可」的差別。為讓這樣的干擾情況降低並好好處理學生間的狀況，於是在有限時間下，課程設計要有取捨、要循序漸進，例如宿營或露營、是否炊事與程度（煮全餐或煮一菜）、貨運方式可根據該次課程的目標酌以減化或取代，讓學生更專心於課程目標。例如划獨木舟到下一個島露營，則隔宿類裝備可用動力船運送。

　　課程發展初期，教師不應躁進，要先確實將教學目標與戶外實境結合，同時進行專業增能；適當的時間數也不造成過多的負荷，先打好人（專業）、地（場域）、事（教學）的基礎，再來擴增時間以增加學習效益。

肆　戶外教育的經營實務

　　植基在課程發展模式之上，當戶外教育是日常，代表的是外出的頻率變高，次數一旦變多，要留意更多細節，通則思考有：「距離」近而遠、「高度」低而高（深度淺而深）、「天數」少而多、「內容」易而難。另外，也要注意程度的拿捏與個別差異。為求不要造成額外負擔，以免收到反效果，可考量以下面向：

　　（一）不要為了戶外而戶外：戶外教育通常是用統整課程呈現，課程實施是否要在戶外，可先思考學習目標與是否符合戶外教育的價值，例如查潮汐表與現場看潮汐，可以是兩個截然不同的目標設定；但查風力、風向與現場感受風，則是很有關聯的目標設定。

　　（二）身心負荷：強度的拿捏立基在對學生能力的認識程度，學生喜歡挑戰，但挑戰的項目與強度則因人而異，透過對學生的認識與挑戰項目的選擇，在不造成其身心負荷過度的情況下方能有效益地學習。

　　（三）宗教考量：政治與宗教在教育上是很敏感的，一定要有個別需求的設想與安排。

　　（四）費用收取：在「風險管理」與「取捨聚焦」概念下，費用的估算能節省就節省，只要符合交通安全、住宿好眠、餐食均衡即可。

　　（五）請假處理：依法規來看，學生可以選擇不去校外教學且可以到校自習，此時整個學校的人力安排都要有因應模式。

伍 戶外教育的推動經驗

　　當我們引導學生們要好好分工合作時，教師要以身作則，於是我們能體悟班級教師與兼行政教師，以及與親師的差異，存在於「在必須完成的所有事項中」要讓工作「由不同職務」的人一起完成時，大家方能理解如何分工。因此，推動戶外教育，可以從下列幾個面向著手：

一、教師專業

　　一般的城鄉戶外課程，教師有帶領的能力，但是上山下海的戶外課程，教師可以斜槓，但不可能樣樣專業，教育的對象是人，教師擔任「領隊」角色的專業知能比例可高於教練的角色，藉由對學生的熟悉，與教練配合進行課程（提醒！非觀光工廠模式），同時學校也要安排相關的研習課程與規律的實務練習機會，持續教師增能。

二、專責教練

　　相對於教師專業，戶外教育在上山下海領域是需要專業教練的責任教學，找到合適的教練團隊資源，在安全與教學都是保障，所以教師必須先行配合一段時間以進行評估，其中家長也是專業教練的來源之一。

三、法規解讀

　　此屬於風險管理的一環，除了人身安全外，法律安全也是讓戶外教育能持續穩健發展下去的因素，因為教師的熱情需要建立在心靈狀態安全之上，即使教育部有整理出戶外教育相關的法規，除了學校要有組織來檢核與支持課程的可行性，在解讀法規上也需要專業律師來協助。

四、差假補休

隔宿的戶外教育等同學生持續不休的學習、教師 24 小時照顧學生，為求師生身心的和諧可在合理合法的安排下補休。目前大部分的畢業旅行都會安排在星期五結束，也有這樣的目的。然而，實驗教育學校辦理戶外教育的頻率與日期不一定都在星期五結束，所以這樣的理念也可以專案實踐。

五、費用支應

在中央對於推動實驗教育的會計體制尚未前瞻與完善之際，教師專業發展、課程場地勘查、課程實施教師費用的來源可由學校計畫編列與家長支持，例如差旅費、家長會捐款專款專用，甚至推動班親會課程費用的財務機制立法，完善採購、會計、出納、稽核各面向流程。

六、家長資源

通常教師不喜歡家長介入課程，但戶外教育是需要大量人力的，所以需要有意地組織並經營家長應援團。在學校理念下，可安排家長擔任不同角色工作，一起協助課程實施，讓家長參與其中。實驗教育，不是在實驗學生，而是在實驗家長，要推動戶外教育，需要更多的人事與費用，「家長」就是一個那麼重要與關鍵的角色（圖 3-3）。

第五節

結　語

戶外教育之於教育，有如海洋之於臺灣，它就在我們旁邊，它很遼闊，它充滿了知識與挑戰，但是它也被法令與風俗文化限制很久了。它的可貴在於風險管理之上讓孩子們練習適應不是平常習慣的生活模式，過程中一點一滴培養不怕困難的態度與解決問題的能力。而實驗教育學校在戶外教育經營的價值是「實踐」，也是「突破」實踐教育應該要有的樣貌，

圖 **3-3**
親師一起專業增能後共同服務教育現場

註：筆者拍攝。

梳理為實踐所需的一切條件並試圖突破以作為教育的先行者。

　　戶外教育實施過程中，也應對於主管機關、教師、家長與學生進行必要且詳細的說明，如果戶外教育追求的是個別差異，那面對不一樣的聲音也要以同樣態度面對，了解個別需求，提供個別選擇，找出解決方案。戶外教育本身可作為學校經營策略的載體，在不同的戶外領域會有不同的反思，並讓整個學校漸漸形成理念共識，知行合一，且因材施教。

實驗教育經驗談

公主王子的好野日子

臺北市和平實小教師　游琇雯

　　「生態好野人」是和平實小六年二十四個主題中取得最靈動的主題名稱，令人對它充滿無限想像：一群在野地裡，玩到渾身髒兮兮，餓了還捨不得撤退的孩子。逐峰班三年級上這個主題時，正巧疫情爆發，只能窩在教室裡寫寫生態報告。如今六年級來到聖母農莊實踐進階版生態好野人，見到孩子過起真正的天然好野童年，很是欣慰。

　　這群孩子在臺北過著城市好日子，在家中最常被唸的是「把便當盒放進洗碗機；體適能課會賴地上不肯跑步；爬山到半路拗住半小時不肯前進，為了流汗而生氣；在戶外要鋪上層層坐墊才肯坐下；擦拭便當盒要用上一大疊衛生紙，再包上好幾層乾淨的才敢拿去丟，就為了不沾到手。」據學校護理師統計，逐峰班是全校最常前往保健室撒嬌的班級，連蚊子咬到都要找護理師擦藥。出發前，教師雖提出進階版生活高手，讓孩子在家先練習手洗衣服、手作料理、整理房間、手刷鍋子。而收到家長的回饋是：「已學會使用洗衣機」；「能使用吸塵器清理房間」……。身為規劃移地學習課程的教師，我們相信把孩子帶往聖母農莊去過簡單手作日子，這群王子公主一定會願意為更有意義的人生經歷而跨出舒適圈的。

　　來到聖母農莊的第一個下課，孩子們或獨或群自在的躺在地上享受陽光灑在身上的溫暖，臨受清風的吹拂，大自然的吸引力實是無須指導的。爾後的日子，教師看到更多美好的畫面：孩子們伸直脖子想摘食口感像冬瓜茶的南美假櫻桃享用。孩子路過被樹上的五色鳥叫聲吸引，停下腳步，呆呆的站在樹下許久，企圖找到牠的身影；五色鳥感受到被看穿的威脅，飛走了；孩子顧不得要送東西回廚房，轉身追了上去，就想看清楚這叫聲鳥主的外觀。教師手指著身後，問孩子說那隻在叫的鳥是不是黑色的身體紅色的腳？孩子遠眺望去，「對耶！腳也是紅紅的。」「牠叫紅嘴黑鵯。」從此牠嬰兒般叫聲就成了孩子們最易

辨識的鳥種了。

　　每天，孩子會來找教師問能不能去砍構樹葉餵羊？師生一行三到六個人不等，天天往雜木林走，砍伐山羊的營養食材。每天傳給家人報平安的晚安影片，孩子最常說今天的大地遊戲好好玩——全班一起在草地上奔跑、追逐，玩到天色黑了看不清楚才肯收隊。自主探索時間，孩子們最愛在小圳邊「釣魚」，用羊吃剩的構樹枝綁上雞棲架剩的綿繩組成釣竿，有時拿南美假櫻桃、桑椹、廚房的麵糰、草地抓的蚱蜢作餌，可以玩上大半天。有時，孩子拿出自備的小樂器，吹首陶笛、長笛、鐵琴、口琴，為分享會做準備，也增添環境中的樂音。

　　每晚看到孩子在洗手槽站一整排努力洗衣服，盡情聊天，衣服洗得如何倒成了次要，這美好畫面是樂趣遠大於成效的。睡前的圍圈時間，孩子回饋說每天自動想把衣服洗好，是他們來到聖母農莊的大進步。每週，孩子也輪流為另一小區同學煮晚餐，從規劃、練習、列清單、清洗、切菜、炊煮、上桌，這道小組自製料理總是令另兩組吃桶餐的孩子流露欣羨不已的眼神。喔～看起來好好吃喔！每天抱雞出籠安撫、放羊出欄吃草、為雞搭棲架、清理羊舍地面、繪製動物介紹卡，孩子們都樂在其中～這些與土地共處的好野生活，已超越教師預期的畫面，看到公主王子們收起皇冠，養出自然力，深深撫慰了教師安排過程的艱辛。

　　更棒的是，我們看到孩子在月光下用餐、在天地的接納中生活、在清風中工作、在陽光下勞動，孩子們臉上掛著自在的笑容，彼此間的關係更柔和溫暖，出現更多正向的語言，更把「我們」看得比「我」重要。這些自然療育功能實是老天的恩賜。睡前圍圈時間，孩子們聊起自己的成長，好多孩子發現這些日子能脫離手機，不再被手機綁架，令他們多了好多時間，可以做好多事，可以跟同學一起生活，一起玩耍，一起聊天，他們好喜歡。

　　《公視》訪問我們，這趟移地課程的核心精神是什麼？我想簡單的說，就是：

　　　把該是孩子的童年生活還給孩子！

第4章

實驗教育中的
「行者」走讀三部曲

李光莒

開學日　淡蘭古道　走讀山林

豔陽高照的大晴日　我們和孩子們一起走進山林幽徑

在天地教室走讀自然和文史

一座淡蘭吊橋　跨接古往今來

用自己的腳步走踏一條古道

為孩子重塑一條「上學路」

綠色幽靜　潺潺水聲

老街風華　百年石屋

和孩子一起走進山林

接通「天地線」

一起充飽鍾靈毓秀之氣

一起當個頂天立地的「天地行者」

　　「走讀」是什麼？從字面上的意義來解釋，是「一邊走一邊讀」的意思，意指不是單以靜態的用眼睛閱讀書本獲取知識，而是實際上用雙腳走到某個地方，親身體驗該處的人文歷史、生態環境與文化意涵。這也代表學習典範的轉移，由靜態、定點的課本、文本，進入多視角、以學習者（行者）為主體的一種體驗學習的方式，進行認知與情意的深度學習典範的啟動。

　　走讀讓學習跨進了整個城市、整座山野、整片海洋，改變了學習者獲得知識的途徑，以走「帶」讀，讓行萬里路與讀萬卷書的「視閾」重新融合。透過行腳來認識一個地方或城市，仿若讀書般細細品味，例如：走讀新莊廟街、走讀大稻埕、走讀剝皮寮、走讀北埔老街……。

　　本章透過在實驗教育中進行的「行者走讀三部曲」實例，來說明走讀為何能形成學習典範的轉移。本章也闡述了孩子如何在今日充滿虛擬、疑似體驗、刻意營造的學習環境下，以真實情境的走讀進行生命實踐的對話。

走讀是學習典範的轉移

　　開學日，親師生懷抱著一顆盼望的心，踏上了淡蘭古道石碇段。我們將展開一場生活中的小冒險，來為孩子的學習重新找到一條上學路。

　　輾轉換車徐行之後，迎接我們的是好山，好水，好陽光的小確幸。從跨上紅色淡蘭吊橋開始（圖 4-1），迎接我們的就是潺潺水聲，各式昆蟲

圖4-1
淡蘭古道石碇段走讀

註：筆者拍攝。左上為通過淡蘭吊橋走讀的學生背影。中上為石碇遠光打鐵鋪師傅為學生示範打鐵。右上為石碇地名由來簡介。下圖為筆者為孩子講解淡蘭古道的文史與生態。

與綠色幽徑，讓我們得以在充滿芬多精的古道中漫步前行，也感謝天空作美，讓開學日的我們得以在這樣的天地教室裡上課。上午的生態廊道在觀魚步道畫下句點。我們隨後走進石碇老街品嚐在地食材。

山城的非假日，許多店鋪沒開，我們藉著「不見天街」的牆上壁畫，一起神遊石碇東西街、百年石頭屋、東方美人茶、王家豆腐和遠光打鐵鋪。之後，我們繼續進階版親水溪流探索，享受波光粼粼的溪水交響詩衝浪板。當孩子把小腳丫伸進清涼的溪水中，筆者想，孩子的笑聲與驚呼聲已告訴我們他和天地教室連上線了。

回程的車上，看著帶著笑臉睡得東倒西歪的孩子們。筆者想，今晚，明晚，以後的很多夜晚，他們都會記得自己的山林開學日。

孩子，歡迎來到「找不到國小」～

這是臺北市小實光實驗教育機構（以下簡稱小實光）的開學日。開學的第一天，親師生一起走進山城裡當「行者」。此處所稱的「行者」是指「The Walkers」，意指行走之人。佛家說行者是「修行之人」，筆者覺得也不錯。但筆者更願意行者是將走讀作為認識這個大千世界的一項修習工具，目的是為了實踐生命的意義。

對小實光的孩子來說，「走讀」是我們從國小四年級以來學習社會學的一個進路。既然稱為走讀，有走也要讀。臺北學、臺灣學、世界學都需要孩子行萬里路，也要讀萬卷書。透過移地學習，是為了打開全身心的感官，從現場去感受生命的五味；透過視閾交融打開孩子的視野，發生生活的感動；透過田野的傾聽，去挖掘人我、人地互動的時空故事。這也是《詩經》裡「采詩」的功能，「王者所以觀風俗、知得失、自考正也。」

透過現場的體驗（采詩）後，我們重新進入課堂，透過孩子的視角、閱讀、體驗、轉化為一份報告或是一份導覽摺頁的製作。回來教室加熱原來冰冷的學科知識，讓行者（學生）產生連結，產生溫度。重新讓學生為這樣的知識賦予情感，連結經驗知識與學科知識，產生有意義的學習。同時將探究學習也導入學科學習，讓知識可以更有系統，更有邏輯。提問的過程，可以看見孩子的心流運作路徑，也可以看到孩子的思考邏輯。我們

不僅要訓練孩子解決問題，更重要的是能夠「看見」問題。對小實光的教師團來說：學會思考才是學習過程中最重要的任務。

　　我們習慣透過實境學、跨領域、高感受、動手做讓孩子將走讀過程的感受與感動帶回教室，並將田野走讀採集的資料和書本、雲端的系統知識融合，藉著孩子在田野「看見」的問題（議題），做成一個專案探究，進而進行問題解決的實踐與論述。這就是我們的行者走讀三部曲：「體驗」、「感受」、「實踐」。下一節，我們藉著小實光的一些課程，來進行走讀三部曲的介紹。

第二節

從眞實情境出發的「體驗學習」

　　無論從自然史還是地質史、臺北盆地發展與「臺北人」的發展、歷史聚落與文化、殖民史與歷史變遷的角度，芝山巖這塊時空劇場教室都不會讓您入寶山空手而返。

　　這幾年帶著孩子們在臺北的里山走讀，益發覺得「臺北市大地工程處」是一個很值得鼓勵的單位。很多步道的修繕加入了自然景觀與文化景觀的元素，讓像我們這樣喜歡體驗學習的教師如獲至寶，每每可以利用現場的導覽標示或自然保留的生態，進行臺北學課程的走讀，或是生態廊道的觀察課。富陽自然公園如此，內溝溪如此，芝山巖步道更是如此（圖4-2）。

 天地是最好的學習舞台

　　當臺北盆地在一萬年前猶是臺北湖時期，此時的芝山巖是少數浮出水面的小島，保有海生植物、海貝化石、先民生活遺跡，是一座活的生態博物館。曝露在岩石表層中的各類化石，記載著芝山巖過去在海底的歲月

（臺北盆地邊緣的里山都可以觀察到很多的化石證據），而海岸植物、濕地植物的存在以及今天林立的低海拔次生林，更是臺北從滄海變桑田的最佳紀錄片。

秋學季，我們將孩子分組上課（這個班群是混齡班群，起點行為各不相同），讓孩子依差異進行任務。讓五年級的孩子進行導覽復習的任務，四年級則進行出門前的文本摘錄練習以及現場「採集」資料的工作。

這個階段的五年級孩子們，已經有基本的臺灣史地概念，所以我們依著「鳥目臺北」（此詞奪胎自齊柏林導演的「鳥目臺灣」，意指你如何像一隻候鳥飛臨臺北上空，看見的自然景觀、山川河流、重要地標等）的規劃，讓孩子從「觀天地」開始臺北學的走讀課程。

上山之前，讓五年級的學姊講一段「分類械鬥」故事，然後讓孩子玩「角色扮演」，讓他們進攻西隘門。然後一邊解說「隘門」的概念，一邊解說械鬥的「輸贏」。當看到開漳聖王（惠濟宮），孩子就知道漳州人守住了這一局。

圖4-2
芝山巖西隘門

註：筆者拍攝。左圖利用時空劇場上一堂文史走讀課。右圖帶孩子進行漳泉械鬥的角色
　　扮演。

自導式走讀將學習的主權還給學習者

「芝山巖屬於距今大約 2000 萬年前的古老海相地層，在四百萬年前的蓬萊造山運動隨臺灣島浮出海面。以前曾經在海裡，所以在芝山巖所處的大寮層中，可以找到貝類化石碎屑、海膽化石和海生物的生痕化石，證明了當時屬於海相的沉積環境。後來大屯山的火山噴發，熔岩流與臺北盆地的沉積物又再次覆蓋了圓山和芝山巖附近的小山丘。」

臺北市大地工程處在這個棧道沿途設立了許多的解說牌讓遊客認識地質環境變遷。有些資料在室內課堂或前導作業中已經看過，有些則利用現場解說牌進行補充。我們要求四年級「新生」要將「時間廣場」地上的地質年代表抄下來，回去找相關資料查證。同時補充說明，這裡之前其實是砲陣地，因為是軍事管制區，所以得以保存相對完善的自然與文史景觀（富陽自然生態公園也是如此）（圖 4-3）。

「老師：前面棧道上面有墓碑耶～」是的，我們進入「墓園」了。

在靠近芝山閱覽室附近有三大墓園，分別是「六氏先生墓」、「同歸所」與「戴雨農將軍墓」，這是臺灣近代史的縮影，同時代表了日本治臺、清朝與民國時期。

我們讓去年已上過課的學姊出來「導覽」。

記得他們去年還在說：「老師，同歸所的意思是同歸於盡，對不對？」

生前打來打去，死後卻埋在一起。咸豐九年漳泉械鬥後，無名的死難屍體被同埋在一起供人祭祀，「同歸原有數，一所豈無緣。」同歸於盡在這個流離的所在，豈為無緣？

去年還不知朱一貴、林爽文是誰？今年介紹時已可侃侃而談清朝的朱一貴、林爽文事件與天地會及臺灣民變的關聯。不知道有沒有哪位小孩去看一下《鹿鼎記》？

六氏先生墓是指 1896 年六個當時在芝山巖「國語學堂」（此處的國語指殖民時期的日語）任教的日籍教師，遭遇臺北城動亂，返校途中被抗

日的鄉勇斬殺。當時臺灣總督府於山頂設立「學務官僚遭難之碑」，並由日本首相伊藤博文親擬碑文篆刻紀念，至 1929 年建神社祭祀。

圖 4-3
芝山巖西砲台時間廣場

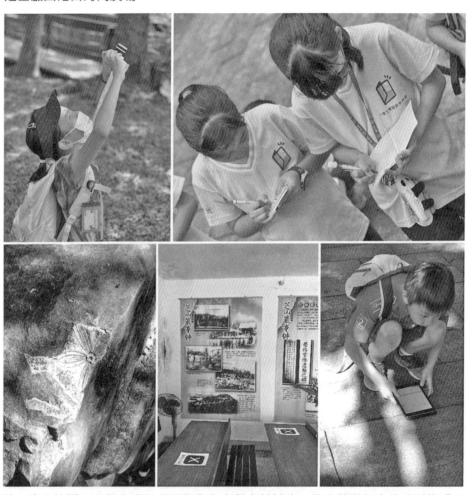

註：筆者拍攝。由學生進行現場影像與文獻資料採集，是走讀過程中很重要的「工作」。左上為學生以手機記錄生態。右上是學生透過現場資料筆記。左下為現場的生痕化石。中下為芝山閱覽室內的文史牆。右下是孩子以平板電腦做紀錄。

　　當然，今日來已經看不到神社了。原址已改建為一個閱覽室，紀念軍統局局長戴笠（字雨農）。所以山腳下有雨農國小、雨聲國小——想必有許多軍統局、情報局的眷屬住在山下。

　　這個時空教室可以是臺灣近代史的一個小入口，容我們留下伏筆，在後面的課程再把這線索一一拆展開來。今次走讀，已可看見五年級學長姊的接班能耐，後續將以兩軌並進的方式前進。一方面幫四年級學弟妹打基礎，一方面讓五年級學長姊扎根精進。教師的頭恐怕要很大了，挖一個坑給自己跳。無妨，為師的歡喜做，甘願受。

第三節

整個城市都是我的博物館

　　小實光的孩子們經歷過了臺北學第一階段「鳥目臺北」的洗禮，認識臺北的自然生態、地質演變與地理環境之後，我們緊接著進入了「文史臺北」。

　　第二學季臺北學課堂的孩子們開始展開「進城」的準備。透過先前布下的「功課」和「暗樁」，預設要讓孩子練習以手上的工具、地圖與文獻資料，找到在臺北車站附近的北門及周邊的古蹟群。孩子很快地認領任務分組，有人查地圖、有人查古蹟、有人練習導覽、有人設計導覽摺頁……然後，我們就浩浩蕩蕩搭著捷運出門走讀臺北了。

 給孩子工具他就能自己飛起來

　　黃武雄教授在《學校在窗外》裡問：「孩子為什麼去學校？」為了「與世界互動或連結」，更進一步說是為了「打開經驗世界與發展抽象能力」以便與世界「真實的連結」。

　　臺北學課程設計的初衷就是建立在這樣的信念上。「歷史是文明之

舞，地理則爲文明的舞台」，眞實的知識是整體性的，是不可分割斷裂
來看待的。地理即是歷史的舞台，文學與自然也揉和在其中。所以這門
課，我們決定以臺北這個「大舞台」作爲孩子經驗知識與眞實世界、抽象
能力與生活知識連結的脈絡橋接，將讀本文獻上冰冷的知識透過現場走
讀、對話與探究，化身爲知識系統的重組行動。

透過課室內的《臺北建城始末》影音文本導讀，再到捷運北門站北門
廣場實境走讀，我們呼應臺北市的「無圍牆博物館」理念，從一個博物館
的角度開啓孩子在現場的走讀，讓整個城市都成爲我們的上課教室。資料
閱覽與記錄，現場採取的文獻、導覽手冊，與同學依任務進行的導覽練習
與手作摺頁。回來後再從書籍與網路資料進行驗證，關鍵字的定錨，再搜
尋。一整個煩瑣，卻是孩子培養自主學習能力非常重要的工具與時刻。

一路上教師擔任協作者的角色，讓孩子練習擔任領路員，就算走錯
路，只要沒有安全顧慮，我們就樂於讓孩子自己「主導」、自己規劃。如
果你走進臺北市政府的一樓，一定會看見「沈葆楨廳」與「劉銘傳廳」，
以表彰兩位對臺北有建設之人的功勛。然而，若從不同族群角色來觀
看，相信孩子們會有不一樣的觀點。

這是我們帶孩子「進城」的原因之一。我們想要孩子認識這塊孕育他
們成長的土地，看看這塊土地上的人們在這個時空劇場裡的「演繹」與「生
活」。了解一下清朝在大航海時代的脈動下，如何面對遠親近鄰的挑戰。
各國的「海賊王」們又是如何進入這塊土地上與我們的「祖靈」們互動。

進城的第一站，我們選擇了臺北城最重要的城門：北門（承恩門），
作爲我們進城的第一站（圖 4-4）。「昔時北闕觀江水，日暮桅帆映遠
山。」作爲臺北城最重要的「官道」，可以從北門遠眺淡水河與七星山。
從前的劉銘傳也是從這個官道進入臺北城的撫臺衙門。今日特別讓孩子們
走一趟北門，看一看爲何它是「巖疆鎖鑰」。透過孩子的眼，看一看北門
延伸出去的「撫臺街」到底有多近？說一說「西仔反」的清法戰爭，也
說一說死於任內的臺北府知府陳星聚的故事，他當時已六旬高齡仍親自督
戰，擊退法軍，保臺有功。1885 年，於清法戰爭和議後不久，逝於臺北

府知府任內。

圖4-4
整個城市是我的博物館

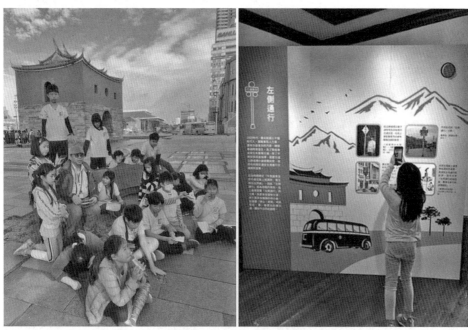

註：筆者拍攝。左圖為走讀北門廣場。右圖為撫臺街洋樓的臺北城特展。

　　進城是臺北學的一個重要關卡，是孩子們開始練基本功的主題。走讀不是只有走，更要讀。行萬里路更要讀萬卷書。師父已領你進門，孩子，接下來就請你認真修習了。這一路的風景是臺北城的美麗與哀愁，更是師父最愛的橋段。希望你也會認識臺北，愛上臺北──你們的故鄉。

貳 景點地標建築透露歷史的線索

　　「老師，西門紅樓就是新起街市場，但它的建築外觀很像臺大醫院的樣子」（圖4-5）

「你的觀察很仔細喲！」

「但是前面的八卦樓形式應該是中式的，後面十字架是西式的，日本人為什麼會將這樣的東西式建築蓋在一起？」

「中山堂，也是日本人蓋的，樣式又不一樣？撫臺街洋樓也是。」

「小南門是華北式建築，和北門的碉堡式城門不同？難道它們不是同一時期蓋的？」

「欽差行臺是清朝蓋的，八十八輪番所是日本人蓋的，都有許多木造結構，但長相差好多呀！」

圖4-5
整個城市都是走讀的地標

註：筆者拍攝。左圖走讀新起街市場（西門紅樓）。右圖為大稻埕。

出門前有些同學閱讀資料，耙梳文獻，現場可以有問題意識，很好！「進城」這個單元本來就是希望孩子透過這些古蹟建物的景點，帶著孩子去認識近代不同的人（族裔）進入臺北，透過建物的興革，看見臺北、臺灣這個時空交錯的地理舞台上演的文史大戲。不同的族裔進來臺灣以其文化脈絡與時代背景在這塊土地上住居下來，所以從蓋干欄屋的凱達格蘭人

到清代的土角厝或編竹夾泥街屋，再到日本人來到臺灣拆臺北城蓋的辰野式建築（公共建築）、各種日式木造館舍、宿舍、倉庫等，見證了曾經來到臺灣人們的生活與互動。

不同的族群、人種以不同的建築展開他在這塊土地生活的智慧，透過孩子們親自走讀、觀察、繪圖、拍照、閱讀文本，甚至製作模型、導覽摺頁，讓他們開啟歷史的視野。古蹟群述說的故事，讓文本冰冷的知識有了溫度，甚至在孩子觀察提問的過程也同步學習思辨與探究。

高感受揉合田調經驗、探究實作深化學習意義

蒙特梭利認為孩子無法間接學習，透過城市博物館的建置，讓整個城市都成為孩子直接學習的工具。日人拆臺北城城牆，重新做市街改正，引進了西方建築城市的方式，在道路的規劃中看見了三線路、圓環等交通設施。清代劉銘傳引進電氣化設施、築鐵路、蓋機器局，讓臺灣有機會進入現代建設的歷程。這個歷程可以讓孩子有機會思考若你是當時的巡撫劉銘傳、兵備道劉璈，或是日本總督，你為什麼要建設這塊土地？如何建設？建設哪些東西？藉著 Simon O. Sinek 的黃金三角圈法則（註一），引導孩子思考 Why/How/What 的因果關係。

當孩子觀察到西門紅樓出現八卦與十字架的東西方意象時，正好可以問問孩子觀察後的推論（想法），所以孩子說：

「在網路上找到的資料說西門紅樓所在的新起街市場，以前有一些部分是墳場，所以為了保平安會蓋成八卦樓和十字架的樣式。」

「不對，我看到的資料說，日本技師近藤十郎並不懂八卦，蓋的時候確實有墳墓但已遷走，所以鎮住鬼魂的說法只是傳說。」

很好，很多孩子喜歡聽鬼故事，但這是否是穿鑿附會的稗官野史、鄉野奇譚？正好可以帶著孩子搜尋資料，看看不同的講法呈現著怎樣的事

實？過程中孩子要留下怎麼樣的「故事」腳本，正好也可以帶著孩子用「4F 引導思考法」來進行提問。所謂的 4F 是指 Facts（事實）、Feeling（感受）、Finding（發現）和 Future（未來）。

以西門紅樓來說，孩子們（發現）西門紅樓由八角樓與十字樓組成（事實），那孩子們的（感受）是怎樣？然後孩子們選擇（未來）要相信哪一個說法？（未來）接下來要尋找什麼證據作為支持？

同樣的方式也可以移植到「欽差行臺」的木結構建築，孩子發現了什麼事實？感受或觀察到什麼？是否聯想到其他古蹟如日式建築的差異比較？甚至進一步透過模型實作來驗證建物的耐震度、支撐力等建築力學知識。

最後引用 4F 反思法的最後一個 F（Future），若是你身為一個臺北市的市長，你為什麼要將「北門」復舊？又你若是日本當時在臺灣的總督，你為什麼要拆掉臺北城？當孩子可以這樣練習思辨後，我們會讓孩子穿越歷史，想想你是被清廷追殺的鄭成功，你為何要拿下大員（臺南）？要如何拿？相對的若你是荷蘭總督奎伊，你會如何選擇？然後李仙得、斯卡羅的大股頭，要戰？要和？然後是今日的烏、俄戰爭？站在兩方的人，如何選擇？人命與權力？國家與個人？甚至國與國的關係？都不再只是道聽塗說，看看懶人包，而是真實的去感受、去思考、去面對。

孩子，願你們在這堂課中累積做人的普世價值，以古鑑今，以史為鑑，成為一個有智慧、有能力關懷社會、關懷萬物的「真正的人」，願你為往聖繼絕學、為萬世開太平。

行者的走讀三部曲，標示著學習模式的典範轉移

四月時，為了安排孩子們世界學壯遊，筆者自己先跑了一趟荷蘭、比利時。每一次到歐洲都有不同的體悟，也藉著這樣的考察，展開自己人生

中的教育壯遊。前一天看著安特衛普孩子的城市走讀，昨天跟著高中生進入中古世紀的布魯日觀光小城，然後住進根特舊城區的聖巴夫主教堂旁的民宿，感受「暮鼓晨鐘」的洗禮（剛聽很新奇，然後早上被一直敲不停的鐘聲叫醒就有點起床氣了）。

感受老城區的建築與歷史，看著當地學生的走讀教育，真的覺得部署的世界學課程，可以讓孩子透過實境移地學習，將課本裡冰冷、片斷的知識，轉化成專案學習的模式（小實光本來就強調實境學、跨領域、動手做、高感受），臺北學、臺灣學可以如此，世界學也可以。

從比利時回到尼德蘭（荷蘭），還來不及讀完手邊的資料。從一個城市進入另一個城市，還在從頭認識一個城市的路網。這很重要！在我校孩子壯遊臺灣時，孩子們就要學習架構一個城市的交通。

當教師的筆者也要按照這樣的遊戲規則來進行。每天挑戰兩萬多步的走讀，慢慢將一個城市的路網記在腦海裡。突然發現原來臺北學、臺灣學的走讀設計很實用。

在這些語言不通的城市，詢問與地圖使用、資料的判讀與分析能力都是需要好好建構的前置能力。出發前的歐洲史、世界史也需要提前部署。

之前的考察，看到的多是以「校園」為主要基礎的學習模型。這一次來訪，看見了許多以走讀、實察為主的學習模式（圖 4-6）。有更多的學習主導權回到學習者身上，教師成為一個知識連結的提供者、發起者或是輔助支持者。透過學習者「主動」學習，再將資料連結，轉化成報告或是專案研究，讓孩子在這樣的學習歷程中找學習的意義與熱情。不再是只有A、B、C、D 選項的「模擬實境」的紙筆測驗，更多是從對外的觀察到覺察自己的狀態。這是一種典範轉移，學習方式進入一種新的模式。筆者自己的理解是這件事已經發生了近十年，從翻轉教育開始，到 Maker ／設計思考／探究實作／ PBL……無論是什麼樣的名詞？什麼樣的學習法？回到學習者本身才是我們這一代教師該處理的議題。

這樣的學習模式，也是小實光一路走來一直在進行的模式。國小階段的移地學習、臺北學，中學階段的臺灣學、世界學，便是希望透過行者的

圖4-6

比利時的走讀師生

註：筆者拍攝。左上爲安特衛普車站的走讀師生。右上爲布魯日的走讀師生。下圖爲根
　　特伯爵城堡的走讀師生。

走讀來啟動孩子和土地、環境、世界的接軌。這也是「備課漢」的壯遊課
程之旅，每天都很充實，當然也需要適度的留白。畢竟在歐洲，轉角就會
遇見咖啡店、古堡與教堂。聽著鐘樓的故事，敘說著遭遇祝融與空襲而毀
壞三次的鐘樓，重建後依然屹立在城區，看著一代一代的人們在這塊土地

生活，一起守護著這塊土地的人們。聽著這樣的故事，眼角不禁也溼潤了起來。

結 語

「這是一個實現夢想的計畫。我在後來終於了解什麼叫做夢想。那就是，當所謂的夢想被完成以後，再回頭看去，仍然像是一場夢。」

十多年前，離開臺北到宜蘭的實驗學校，開啟了筆者對教育的重新想像，也開始嘗試以「走讀」這樣的課程形式，帶著當時的學生走讀宜蘭頭城的山水、風土、自然環境與生態探究。十多年下來，越來越多的學校將走讀融入學校本位課程（School-Based Curriculum）。地方政府也順勢推出了類似「臺灣走讀」、「臺北學」、「宜蘭學」、「屏東學」等走讀活動。這揭櫫了學習典範的轉移，讓我們更重視學習者的「親自體驗」與「親身感受」。

不同於傳統教育模式的「教科書」中心，我們重新進入「禮失而求諸野」的狀態。透過走讀，讓孩子從觀察、體驗、文獻探討到田野調查，從現場的現象、到後端的問題發覺、問題解決，啟動孩子對於學習的熱情，對於身處環境議題的關心與對話，同時以自己的雙腳「走」進田野，產生了更高感度的意義性連結。

走讀需要打破自己的舒適圈，是一場自身的英雄之旅。不僅是一個人（心靈成長）的旅行，更是一群夥伴建立合作關係的機緣。在風與土、走與讀之間，展開新視野，建立恆心與毅力、認識自己。所以我們以「行者」之姿，用走讀作為修習的工具，進行生命實踐的對話。實境學、真體驗、高感受是行者的三部曲，最終，依然要回到修習的個體，也就是行者自己生命智慧的啟蒙。這也是推行走讀課程最重要的一個「實驗」因子。Bon Appétit（祝你有好的學習胃口）。

註　釋

註一：Sinek O. Simon 在 2009 年一場 TEDx 演講中以 Start with why: How great leaders inspire everyone to take action 為題，提出「黃金圈」法則。黃金圈是三層同心圓，由外到內分別是做什麼（What）、怎麼做（How）與為什麼（Why）。

實驗教育經驗談

走讀花絮

家長——湘甯媽媽的回饋：

　　朋友問我，這麼一點大的孩子為什麼需要移地學習？！

　　旅途中遇到以建築設計為業的大哥哥帶他們參觀自己公司的作品，暢談作品的設計理念與個人經驗。雖然只是旅途中一次美麗的邂逅，但是對於只有十年、十一年人生經歷的孩子而言，這些「過來人」的經驗談勝於書本中的大道理！也因為站在同一時空情境下，感受著「過來人」投入所愛的熱情，孩子們的感受更為強烈！那些對於青春的熱血的「共鳴」也許就萌芽了！

　　也許一整學年四次移地學習走下來，孩子未必就能知道自己是誰，將往哪裡去！但是在突破、擴展舒適圈的過程中，在與不同人物一次又一次的交會中，體驗與經歷可以讓不斷面對衝擊、克服困難的孩子對於自己多了幾分認識。帶著對於自己的了解，青春之路上，縱是顛頗，也不至於失了方向！

21 級孩子蘭嶼走讀旅記：

　　灘頭是達悟人的教室，男人出海捕魚時，孩子會在灘頭等待，男人也會教導孩子們觀察洋流和魚類知識。他們的灘頭和我們的真是不一樣！灘頭上，我看到很多觀光客在拍拼板舟，如果只是膚淺的拍照，明天過後，我們可能就會把這個難得的經驗丟到腦後了。藍波安老師告訴我們他製作拼板舟是為了傳承以前的文化，感受前人製作的

辛苦，我覺得漢人應該多去學習達悟族的文化，了解拼板舟對他們的意義，讓「觀光客」成為「現代和傳統的橋梁」。

〜以甯

　　在潮間帶最讓我印象深刻的是，一隻住在可口可樂瓶蓋的寄居蟹提醒了我人類有多麼的自私？人類為了自己的便利不停的製造垃圾，讓整個生態系統都崩塌了。這隻寄居蟹讓我深深了解我們製造的垃圾給世界帶來多大的影響，我們應該要效仿蘭嶼人的生態觀，配合大自然的運行，來達到萬物永續生存的意義。

〜子華

圖4-7
蘭嶼與浸水營古道走讀

註：筆者拍攝。左為藍波安介紹灘頭文化。中為走讀浸水營古道。右為學生作業。

第5章

實驗教育理念與學校治理的遭逢對話

林錫恩

　　《少年小樹之歌》有段話，當您發現美好事物時，所需要做的第一件事，就是把它分享給您遇見的人（Carter, 2021）。這樣，美好的事物才能在這個世界自由地散播開來，「實驗教育」就是想和您分享的美好故事。

　　實驗教育應強化學生學習價值性、能引導教育政策發展性、能精進治理影響性；要敏銳地掌握教育理念與發展趨勢，透過長期深耕、紮實累積帶動實務創新，以改善實務困境、尋求突破的可能。實驗教育具有實作探究、驗證理念、教學相長、育才展能的精神，其學校治理應展現實作探究的主題創價、驗證理念的智慧行動、教學相長的共好價值、育才展能的全人發展的效益優勢。實驗教育是豐盈的學習與實踐歷程，當您付出努力，就能享受甜蜜負擔與成長喜悅。

　　本章從學校治理（school governance）的角度切入，以學校經營者的觀點，闡述校長該如何透過「治理」概念了解學校組織特性，之後才能傳遞實驗教育的理念，讓實驗教育的本質可以作用在學生身上，達成實驗教育的目的。筆者依據從形塑實驗教育學校治理的共榮共享願景、發揮理念創新價值、梳理影響實驗教育學校治理的相關因素論起，其治理的最後目的，乃是要彰顯學生的主體學習價值，為學生的學習開創道路。此目的不可混淆，否則任何的治理將不具價值性，只是徒勞一場。本章中論述的主角，固然是為了要帶動學校組織的校長所寫，但許多情境亦與實驗教育機構與團體有極高相關性，實驗教育單位的領導者亦可從中了解並對照實驗教育學校對治理的觀點與擘劃。

實驗教育本來面目與效益優勢

　　晚近以來，實驗教育議題普受各界關注與重視。各類型實驗學校、機構與團體數已突破 250 所。相較「實驗教育三法」施行初期的爆發式發展，目前在數量上雖趨緩成長；不過至本書付梓之前，實驗教育學校的校數亦已突破百校，近 2 萬名學生參與（教育部統計處，2023a，2023b）。值此之際，正是放慢腳步、思索沉澱實驗教育本來面目與其效益優勢的最佳時刻。

「特定教育理念」的本來面目

　　臺灣的實驗教育呈現多元開放、多樣共榮的類型樣態或發展趨勢，包含學校型態、非學校型態與公辦民營實驗學校。有強調民主教育的全人教育、種籽學校、森林小學與一些親子共學團，亦有深耕華德福教育之樣態，在實驗教育學校的辦理型態上，有公辦公營、公辦民營與私立學校型態。

　　此外，亦有發展原住民族教育，如臺中市博烏瑪、屏東縣長榮百合等實驗教育學校；在非學校型態上，則有個別、團體以及機構三種辦理方式。在辦理實驗的理念依據上，這段時間亦出現諸如強調傳統文化振興、在地文化覺醒的道禾教育；重視實作體驗、邏輯思辨的蒙特梭利；以及其他教育理念或宗教因素的團體機構等。

　　本章關注的焦點：學校型態實驗教育（school-based experimental education），係以學校為範圍，築基於特定教育理念，以非營利為目標，從事各種實驗性的教育探究與實踐，並就學校制度、行政運作、組織型態、設備設施、校長資格與產生方式、教職員工資格進用、課程教學、學生入學、學習成就評量、學生事務及輔導、社區及家長參與等事

項，進行整合性實驗的教育；進而發展更具彈性、自主性、多樣態的課程發展、教學實施與多元評量，以符應家長的選擇權、關照學生個別需求，協助其有效學習，以彰顯國民學習權。

不過，教育理念不能違反合價值性、合認知性、合自願性的規準。辦理實驗教育所依據的特定教育理念，更應符合教育真、善、美的規準：合於教育的認知規準，追求至真的知識智慧；教育活動的意義應可被學習者所理解，不能反智。合於教育的價值規準，追求樂善的價值；教育活動須對於學習者與社會具有正面價值，不能傷害人性、正義或社會福祉。合於教育的自願規準，嚮往達美的意志；教育活動須尊重學習者的自由意志，不能強迫洗腦灌輸（歐陽教，1990）。換言之，實驗教育是人類持續精進，邁向更好（betterment）的動態歷程與結果，實驗教育的教育理念當然要合於認知性、道德性、自願性，並可以具體施行者。

實驗教育的綜合效益優勢

實驗教育學校在進行特定教育理念的檢驗與實踐，必須在組織、人事、經費、課程與社群關係上，進行相因應的實驗作為與彈性鬆綁。特定教育理念應連結學校辦學願景、課程發展、教學實施與校務治理經營，彰顯具有某種理想與普世價值的教育理念，以引導實驗教育工作者尊重學生的多元文化與智能，並應引導其順性揚才與適性學習（林雍智，2022a）。

面對教育政策制定與議題發展的課題，聯合國教科文組織（UNESCO）在《學習：內在的財富》（*Learning: The treasure within*）揭示，進行教育方案分析，應保持公平正義（equity）、適切良善（relevance）、普遍卓越（excellence）的原則。實驗教育學校治理的效益優勢，在於「實作」探究的主題創價、「驗證」理念的智慧行動、「教學」相長的共好價值、「育才」展能的全人發展（UNESCO, 1996）。

「實作」探究的主題創價，意在注重環節效能，追求學生潛能啟發的學習成效更大的產出效率。成就孩子自主探究、博聞、慎思、明辨、篤行

的態度。「驗證」理念的智慧行動係指追求孩子學習成長更適性、更有效的協助取徑。在滾動中不斷修正，兼顧以學生爲主體的各方教育利益。「教學」相長的共好價值，代表教育應回到本身的目的，唯有以學生爲學習主體，成就自我的生命價值。從中來看，民族教育或實驗教育都是新型教育模式，教學者與學習者都在做中學，應互爲主體共伴成長，成就嶄新且溫馨的教學模式，而「育才」展能的全人發展，則強調同理與相信每個孩子的獨特與珍貴。孩子若能在備受尊重與疼惜的環境中滋養成長，就可成就爲一位積極、友愛、風采、無限、感恩回饋的多元人才。

　　實驗教育強調有別於主流教育理念及學校體制的教育模式。學校辦理實驗教育，應強化學生學習價值性，也要能引導教育政策發展性，並精進學校治理帶來的影響性。在治理理念下，實驗教育學校要敏銳地掌握教育理念與發展趨勢，透過長期深耕、紮實累積，帶動實務創新，藉以改善實務的困境與尋求突破的可能。

第二節
實驗教育學校的治理理念與影響因素

　　實驗教育具有「實作探究、驗證理念、教學相長、育才展能」的精神，學校的治理應展現「實作探究的主題創價」、「驗證理念的智慧行動」、「教學相長的共好價值」、「育才展能的全人發展」的效益優勢。

實驗教育校務治理的理念思維

　　《學校型態實驗教育實施條例》比過去由地方政府所訂的相關法規，更爲完整與妥善，已不再只是傳統主流教育外的另類教育；無疑是爲面臨少子女化效應、翻轉教育、校園民主解放、行政崩盤的學校治理注入新活水泉源。李柏佳（2016）認爲此實驗教育法制化歷程規範與政策執行的

權利義務，具有前瞻的價值意義，可視其爲非學校型態制度的開展晉級深耕，彰顯推動學校型態實驗教育的新創價值。然而，教育人員須深切釐清實驗教育理念與內涵，否則恐淪爲有名無實的另類特色學校，或是原住民族學校。

學校行政決策影響相當深遠，須依靠校長做出正確的決定或決策，尤其在政策發展初始階段、訊息完整性不足、時間與資源限縮等壓力下，如何研判與決定「把事情做對」（do things right）與「做對的事情」（do the right things），需要的是高度的行政智慧與決斷能力（范熾文、張文權，2016）。對實驗教育學校來說，實驗教育是爲落實教育理念的核心精神、追求教育的創新、堅持全人教育的信念、發展適性學習機會、提升多元選擇機會，結合眞實的體驗，讓學習能更實用符應生活，強化持續學習的高度動機，共同凝聚教育的「價值性命題」，引領社會做對的事情，促發實驗教育的蓬勃發展。

就實驗教育的結構改變來看，實驗教育學校的主要挑戰，在於透過校內實施的各種實驗方案去變動學校組織體制與運作方式，最終提升學生的學習，再將前兩項成果回饋給正規學校，以促成學校教育的更新。

綜此，可以說實驗教育學校的治理，除符合當代的治理概念，如非階層性、授權、自主性、參與式民主、公益性、新公共性（new public）外，若再加上實驗教育的特質，實驗教育學校的治理應該更具有經營上的自主性，並保障孩子和家庭在選擇受教育、學習上的公共性，以維持公教育的品質。

 影響實驗教育學校治理的因素

實驗教育是當前國家創新發展的重要教育政策，屬於發展性的教育政策。分析教育政策執行影響因素的主要目的，在於增進政策執行以達成政策目標。推動創新實驗教育政策的影響因素，大致包含計畫內容、組織運作、人員專業、資源整合等面向。

　　林錫恩（2021）將影響實驗教育學校治理之因素，區分爲：(1) 實驗教育計畫解構與再建構；(2) 課程教學領航學校治理；(3) 師資專業精進社群協力互動；(4) 系統性資源效益與策略聯盟。在分析上述因素後，進而提出增進學校治理效果的可行策略爲：(1) 以計畫理念發展，演化多元關懷動能；(2) 以組織運作凝聚，強化課程教學可能；(3) 以人員專業引領，創化終身學習潛能；(4) 以資源整合深耕，活化創新實驗效能。實驗教育學校的治理在實務上，呈現多元反思、適性學習、情境體驗與理想追尋的教育價值；它也反思了主流體制的宰制，對單一價值體系進行批判，進而彰顯理解、包容、尊重不同理念的存在。

　　本質上，實驗教育學校治理與諸多革新議題可歸屬於調適性挑戰（adaptive challenge），而非僅爲技術性挑戰（吳新傑，2017）；因此，學校領導者應將技術性挑戰的相關政策，視爲解決革新議題的間接手段，而非當成直接目的來運用，進而協助引導其發展，以引發與維持權益關係人（stakeholders）進行調適性挑戰的相關政策，避免其陷入工作迴避，才能有效適切解決教育革新的核心問題。

　　技術性挑戰係指面對教育革新議題的本質與執行其所扮演的角色而言，運用既存、明確的知識、方法、程序，以診斷、突破與解決當前的難題爲主。調適性挑戰則需要透過改變權益關係人既有價值觀、信念、態度或行爲習慣，建構新系統思維，以期能解決根本性的難題，需要較系統性與長期性的作爲。

　　綜言之，面對實驗教育校務治理變革時，領導者應秉持調適性挑戰的思維與策略作爲，需要提升其心智複雜度，並協助參與者進行轉型學習，以達成克服個人的變革免疫與提升組織學習動能爲目標。

第三節

實驗教育理念與校務治理的對話

　　教育需要更全面性的解放鬆綁與逐步彈性放手，進而轉型為改革的推手，提升專業權能感，朝向目標永續。期盼讓實驗教育學校的特定教育理念與校務治理的實踐性充分遭逢、對話與交融，蓄積躍進的新量能。

壹 實驗教育理念與校務治理的遭逢

　　林雍智（2018）研究發現，影響學校治理運作的內部因素有法規規範、專業能力與議事規則等；學校治理機制主要來自相關教育法規制定與規範執行，並由教師、家長與社區人士等權益關係人直接參與教育實踐事務，透過參與各種校內委員會進行決策所組成的正式治理機制。在治理內涵上，包括參與校務治理、教育專業、一般學校行政事務與課程教學及學生學習等事項。

　　實驗教育學校在治理上，應該反思實驗教育的教育理念、讓教育本來面目「歸」。將特定教育理念轉化為校務治理的行動實踐。實驗教育學校與其權益關係人依存著關照與支持的動態平衡關係，再透過實驗教育學校內部的教職員工與內控機制進行績效優勢評估，加以實驗教育學校外部的教育治理與督導機構的績效責任評鑑，彰顯國民教育權的公共性與倫理性，關照到學生學習適性揚才的主體性，其治理與實驗教育理念和學習主體的關係，如圖 5-1 所示。

　　Fullan（1982）在所著的專書《教育改革的意義》（*The Meaning of Educational Change*）指出：教育改革關鍵因素取決於其價值（value）與技術品質（technical quality）。實驗教育政策應回歸教育本質，探詢教育的本來面目；規劃整合辦學願景，訂定永續發展的策略，以強化資源整合、親師協力：關懷支持倍「諒」、讓教育本來面目「歸」本懷。因此，

圖5-1
實驗教育理念、治理與學習主體關係圖

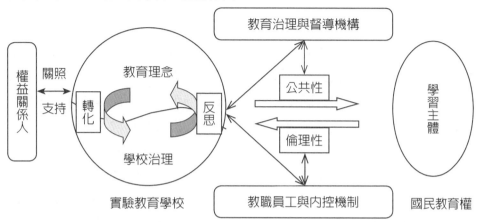

註：引自學校型態實驗教育校務治理之多重個案研究〔未出版之博士論文〕（頁164），林錫恩，2021，國立東華大學。

教育改革須具有高度認同與明確可行的價值共識，還要關注其政策執行作為與組織成員的認可肯定。使實驗教育的行政業務減「量」、評鑑行銷適「亮」、扶助歷程少「跟」、關懷支持加「諒」、自主學習加「靚」，以回歸教育的本來面目（林錫恩，2021）。

　　教育理念與校務治理交融，強調能行政業務減「量」、評鑑行銷適「亮」。邱雲奕（2020）以「量子領導視角」檢視學校型態實驗教育的經營現況，其研究發現其領導結構呈現扁平化去中心化取向，藉由減低行政業務量，強化「小行政、大教學」的現象，促使教師成為實驗教育的關鍵參與者，亦成為校務治理的協力領導者；頗與擺脫英雄樣態的枷鎖要義相符。領導者必須關注成員從心領導，放下威權意識，強化服務領導，形塑文化建立關係網絡，形成學校自主治理的組織型態，讓親師生協力多元，沒有旁觀者，藉由加乘作用激發能量，應對瞬息萬變充滿挑戰與不確定性的未來，蓄積再次躍進的能量。

實驗教育治理與創新政策行銷思維

　　實驗教育學校的治理強調以學生學習爲主體，扶助歷程少「跟」、自主學習加「靚」。理念明確、課程教學模式更精準，讓課程教學領導更專業化、進度合宜，減少事倍功半的能量耗損，更加顯現學習成效。自主學習加「靚」：學生自主學習自願投入學習能量，展現自我潛能與創意，學習歷程呈現的張力深具希望感、教育價值感，更加顯現教育成人之美的功效。

　　實驗創新政策決策者透過「倡導」，致力於創新政策推動；實驗教育學校人員在校務治理經營中「因應」其實驗創新政策。茲參酌吳明清（2003）對創新政策行銷與其因應思維，修改成實驗教育學校政策行銷與因應的思維架構（如圖 5-2），兩者所扮演的角色與肩負的責任有別，但均須從「知變」著手，了解教育變革的價值與內容，並構思「應變」的具體做法，進而超越其框架限制，再主動創新「求變」；建構知變以行銷爲首務、應變以專業爲本業、求變以自主爲上策的變革與行銷準則（吳明清，2003，頁 2-12）：

　　　知變：肯定創新價值、洞悉問題、確認形式、破除迷思、了解內容細節。
　　　應變：教育專業信念、回歸本質、專業思維、創新教學、強化主題統整。
　　　求變：創塑學校願景、社群文化、發展特色、行動研究、建立變革機制。

　　實驗創新政策的推動與實施，力求評鑑行銷適「亮」，避免過度喧嘩，而流於放煙火的嘉年華；因此，除要借用商品行銷的觀念，以滿足庶民教育「卓越看得見」、「成就需圓滿」等思維，也要反映教育適性揚才的價值性、尊重差異的需求性與相對理解的主觀性等特質（吳明清，2010）。

圖5-2
實驗教育學校創新政策行銷與因應的思維架構

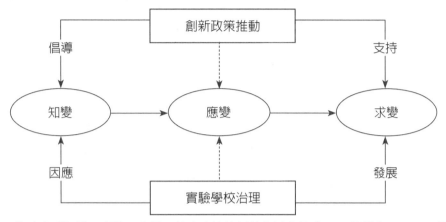

註：修改自「知變、應變、求變：教改政策的行銷與因應策略」，吳明清，2003，**臺灣教育**，620，頁 10。

第四節

實驗教育學校治理的展望與期許

　　持續推動專業實踐帶動教育革新、引領創新智慧彰顯教育價值，是多數為人師表的本心與使命！檢視教育現場普遍存在思考如何消弭政策治理口號、降低學理論述與實踐行動的落差、強化資源連結與效能、辦學理念的回饋校準等挑戰。教育人員要秉持有想法就發揮，有理念就開展，有作法就分享的專業責任。

　　實驗教育普遍存在追求更好的潛在目標，以彰顯其創新的價值性。當學校推展實驗教育相關作為時，可以促進學校治理方向改變，讓學校的運作成為促進實驗教育發展的載體。實驗創新其本質就是求變與精進，強調從「當前狀態」轉換為「未來狀態」的歷程，蘊含著往更好、更優、更進步的方向前進等意涵。

　　實驗教育學校治理從去中心化思維、參與式民主來看，能夠決定治

理內涵的權益關係人，如教師、家長、學生等人，將應該更擁有共創課程、學習模式、制度規準的空間。如此一來，實驗教育學校的治理將更能與創新彈性連結，在實驗教育理念引導下創發新的樣貌。

不過，實驗創新政策雖然可以視同商品進行評估檢核與行銷，但畢竟公共政策有別於商業產品，且教育事業強調社會公義與適性揚才的特質，與追求利潤的企業經營明顯有所差異，此點亦是在推動實驗創新政策中不可忘記的前提。

如同林錫恩、范熾文、石啟宏（2018）所提到的：實驗教育人員要對教育懷抱著專業、熱忱與期許。願意鐵肩擔教育，因為責任使命與承擔！能夠笑臉看兒童，因為專業素養與自信！

第 6 章

實驗教育如何滿足
特殊學習需求

李協信

　　實驗教育是基於特定的實驗教育理念而進行計畫性、完整性的教育實驗。在這過程中，參與實驗教育的孩子除了既有學習需求外，也會因孩子本身的特質、症狀或學習的狀態有所不同，產生特殊的學習需求，與接受一般教育的孩子無異。然而，實驗教育是以哪些方式來滿足這些特殊學習需求？

　　本章嘗試以實驗教育常見的特性來回應，全章分為幾個面向來探討。第一節首先說明特殊需求的類型，第二節則接續探討滿足特殊學習需求的前提，再透過第三節分述實驗教育所強調的「經驗知識提升學習策略成效」、「大量互動培養社會技巧，增進情意發展」、「做中學實作生活管理」、「多元策展提供獨立研究與創造力的舞台」等對特殊需求孩子學習上的有效策略，提供在教學與輔導上面對特殊需求孩子的教師與家長參考。

特殊需求的類型

　　在探討實驗教育如何滿足特殊學習需求前，我們必須對傳統教育所提出的特殊學習需求有所理解，從十二年國教身心障礙教育課程綱要（以下簡稱為身心障礙課綱）中我們可以從課程的領域命名，來了解特殊學習需求包含的三個層面，分別是現有領域課程（如國語、英語、數學）的調整，此部分係指孩子主要的課程目標仍屬既有領域範疇，但須依據孩子的學習功能不同，進行適度的調整，包含學習內容、學習環境、學習歷程及學習評量的調整，調整的方向可以是加深、加廣或簡化等（教育部，2019c）。第二是身心障礙特殊需求，係指既有領域中所無，需特別安排課程來給予協助；依特殊教育課程綱要所述，分別有生活管理、社會技巧、學習策略、職業教育、溝通訓練、點字、定向行動、功能性動作訓練、輔助科技應用等九類（教育部，2019a）。第三是資賦優異特殊需求，同樣係指既有領域中所無，需特別安排課程給予協助，包含情意發展、創造力、領導才能及獨立研究（教育部，2019b）。這些傳統教育中出現的課程調整和特殊學習需求，在實驗教育中可能會以不同的樣貌出現，因此，進行實驗教育時，教師必須對於特殊學習需求有所覺察，不宜直接套用。對於特殊學習需求初步理解後，我們來談談實驗教育在滿足特殊學習需求時，需考量哪些前提？

滿足特殊學習需求的前提

　　實驗教育滿足孩子的特殊學習需求，第一個前提是有充足的彼此理解。實驗教育重視與孩子及家長的晤談，在晤談中能進行雙向澄清，有關辦理單位所主張的實驗教育理念、運作通則、化為課程的樣貌、孩子必須

配合和完成的任務，或是被期待展現的樣貌等，都必須清楚而完整的讓參與實驗教育的家長及孩子了解。另一方面，孩子身上是否有特殊的學習需求？有什麼特殊樣態？或相關的診斷和鑑定資訊，也需要清楚的讓實驗教育辦理單位了解。例如孩子有自閉症、情緒障礙（如注意力缺陷過動症）或學習障礙等經過鑑定的身心障礙特質，包含孩子因特質連帶產生的學習需求、生活需求、過去有效的因應策略、曾執行過的方案、曾發生的衝突及處遇模式等，都必須完整的進行說明。

　　在雙方清楚溝通實驗教育理念、預定提供的課程安排及孩子的特殊學習需求後，接著要思考的，就是實驗教育辦理單位所擁有的資源是否能支撐及滿足孩子的特殊學習需求。資源係指：(1) 家長所能夠提供的相關支持；(2) 特教專業人員，實驗教育辦理單位是否有特教教師或特教專長的相關人員，會是重要的判斷指標；(3) 是否有額外的經費來支持特殊學習需求的課程及服務。以一般公立學校而言，特教專業人員及特教經費都在既定的預算編列範疇內，因此公立的實驗教育學校，這部分資源就會較為充足。相對而言，私立實驗教育學校及非學校型態實驗教育單位是否有特教專業人員、相關特教經費的支持，家長就必須事先清楚詢問。以目前來說，大部分辦理單位是不充足的（黃建榮、李光莒，2022；卓惠珠，2020）。

　　國內常有將實驗教育作為「在一般學校適應不佳孩子的另一個出口」這樣的觀點，此一觀點也許出自於實驗教育單位的特殊生出現率較高之緣故。然而，回到更重要的核心，是參與實驗教育的人員擁有共創美好的信念，才能有機會滿足孩子的特殊學習需求。實驗教育本身就重視學習者為中心，強調孩子的學習主動權、盡可能滿足每個孩子不同的學習需求，而特殊學習需求的出現人人都有，只是需求的程度有所差異。因此，孩子、同學、普通班導師、科任教師、特教教師、輔導教師、行政人員、家長、同學的家長等與孩子有所接觸，並共享同一個學習生活圈的人員，在面對孩子的特殊學習需求時，若能抱持著共創美好的信念，接納彼此的孩子有特殊學習需求，願意了解如何與之相處，安排相應的課程，提供對應

的支持來協助教師授課，增進孩子學習，這樣共創美好的信念，將會是實驗教育滿足特殊需求的重要前提。

　　第三個重要前提是「建立正向的循環」。孩子入學後因爲特殊學習需求，而正在觀察、診斷、評估、發展因應策略的歷程中，孩子本身也在成長，親師生必然會面臨持續一段時間的混亂、衝突、吵架、打架、彼此責罵、作業無法完成、上課分心等讓人感到挫折和沮喪的狀態。狀態本身的確值得關注，但更重要的是必須在這一次次的失序狀態中，一點一滴的嘗試及努力，讓每一次的狀態都可以比前一次有更好一些的發展。在過程中一點一滴的正向轉變，隨著時間累積，就能成爲長遠的成長動能。在此必須特別注意的是，孩子的失序行爲並非在實驗教育場域就不須負責，而應在親師生及學習生活圈的相關人員充足理解之下，以合宜的方式逐步修正。

第三節
實驗教育中提升特殊需求孩子學習的策略

壹　經驗知識提升學習策略成效

　　學習策略在現行身心障礙課綱中係指強調孩子學習所需之方法或技巧，透過發展認知、動機、態度、環境與學習工具，以及後設認知的策略能力，以增進學習參與及效果（教育部，2019a）。學習的具體知識內涵，或學習如何學習的學習策略教導，相對於傳統教育以「套裝知識」方式呈現，實驗教育重視「經驗知識」的產生與累積，以學習者爲主體，讓知識透過不斷與學習者的經驗起共鳴或衝突而發生，藉由活動或問題，讓學習者參與知識建構的探索歷程；必須注意「經驗知識」不只是主觀的「生活經驗」也包含「思維經驗」，而教育的任務在於「打開經驗世界與發展抽象思維」，目的在使人與世界眞正連結（黃武雄，2013；劉育忠、

王慧蘭，2017）。實驗教育著重學習在生活中發生，這樣的特性可以讓在學習方面有特殊需求的孩子，面對課程調整、安排學習策略特殊需求課程時，更能夠清楚的掌握學習的目的，對孩子而言能擁有更多的內在學習動機，因而更能夠讓孩子投入、專注其中並實際運用出來。

實驗教育各有不同的課程安排，如何滿足特殊學習需求，需要個別化檢核，這對於辦理單位來說不容易。因實驗教育課程多是自編或選編，搭配系列性活動安排，大部分是高度變化及流動的，教師常因應孩子狀態而進行課程目標、內容、環境、歷程、評量的調整，此類因應整體不同所進行的整體課程調整，使有特殊學習需求孩子能夠預先了解課程內容，並由特教教師進行預先的個別化課程調整，有實務上的挑戰性。這時最重要的是前述實驗教育辦理單位擁有的特教資源能否支撐此課程調整，在較短的時間下因應孩子特殊學習需求，將實驗教育課程進行個別化調整，使孩子能夠在實驗教育課程中進行學習。

舉例來說，實驗教育常需進行小組合作任務，在舉辦運動會的主題課程中，要求輕度智能障礙的孩子獨立完成一張有關於詳細運動競賽規則的手寫海報，是明顯超出他能力範圍的。這時，特教教師可搭配調整課程內容，在分組時輕度智能障礙的孩子與其他同學仍然同一組，教師可讓這位孩子改以錄製競賽規則說明的口頭推廣影片，來完成他的學習任務。對於孩子來說，仍然必須了解運動競賽規則，但可改以口頭報告與口語表達來推廣賽事，完成他在這個主題課程語文部分的學習目標及任務。這樣的課程調整立基於特教教師與普師有緊密的連結、足夠的共同備課，特教教師才能預先了解實驗教育課程走向，並在規劃分組工作時同步進行特殊需求孩子的課程調整安排。

貳 大量互動培養社會技巧、溝通能力，增進情意發展

「社會技巧」強調孩子在教育環境中學習所需的能力，包含處己、處人、處環境（教育部，2019a）。實驗教育的特性之一，就是孩子們坐在

教室裡聽課的時間較短，許多時間都在與同學互相討論、小組合作，或進行實驗，或以走讀方式深入探索人文、歷史等議題。這些過程都需要孩子高頻率、長時間的與同儕或不同年齡層的人互動，互動層次及複雜性高於傳統教育的孩子們會使用到的社會技巧。如果是在如此高頻率、長時間使用社會技巧上，自閉症或情緒障礙等有特殊學習需求的孩子，或是沒有這類的標籤，但還在培養如何與同學建立良好互動的孩子，會需要個別化教學的機會。

在這樣的特殊情境下，孩子互動的即時處理非常重要，若有衝突出現，需要立刻向在場教師反應，才能即時提供協助，讓每一次的互動從彼此間的不了解，慢慢走向互相了解的狀態，並選擇合宜的方法來互動，這是漫長而需要不停練習的過程。此類社會技巧、情意發展的練習與培養，有如學騎腳踏車，非線性而是階段性跨越的，需要堅信孩子可以學會及長時間的累積、努力，在特定的時間點就能夠跨越並成長。

在這高頻率、長時間的互動過程，需要有人員成為特殊需求孩子的即時翻譯官，當孩子有情緒狀況，或與他人互動上產生與情境脫離的解讀時，必須有教師或身旁同儕主動觀察，並立刻協助孩子進行當下情境脈絡中行為背後動機的解讀，讓這類情緒辨識速度較慢、較有困難的孩子能夠有立即正確解讀的機會，才能讓每一次的互動可以被正確的解讀。此類即時翻譯相當重要，若未立刻處理，孩子在一天的學習中，可能已累積多次不良互動，上午所產生的不良互動或錯誤解讀，極有可能影響到下一節課的學習，或中午吃飯，或下課時間與其他同學的互動，其情緒及學習是互相關聯、彼此緊密不可分並互相影響的狀態。因此當孩子的即時翻譯官，是這類特殊需求孩子迫切需要的角色，由實驗教育辦理單位與家長共同協調出合適的擔任人員，通常可由教師或孩子信任的同儕來擔任。

舉例來說，一位高功能自閉症孩子，因為合併有幻想症狀，三年級時曾與同學發生衝突事件，到四年級時與另一位同學發生衝突，孩子會把過去的不好經驗混淆，並累積到自己的解讀故事脈絡中，出現的狀態就是孩子說出來的衝突成因及行為後果，與導師及其他孩子所描述的不一致；

也曾發生孩子將前一週想加入樂樂棒球組隊卻被拒絕的事件，延續到這週他想加入但尚未發展出正確的遊戲方式，歸因為特定同學不讓他玩而產生自傷行為。這樣的負向情緒累積及循環，在實務處理上極有挑戰，當孩子出現自傷、從高處跳下等危險的行為，經由特教教師評估及建議，並與導師、家長、行政、校長多方協商後，共同想出的解決方法是由家長自籌經費，全時段安排一位具有特教專業的教師單獨陪伴這位孩子，在實驗教育現場的每一次互動過程，做孩子情緒及社會技巧的即時翻譯，小到孩子感受別人關注的眼神中所產生的解讀，與家人互動中孩子所說出來的內容是正確的或是在自己的幻想中，或是大到嚴重衝突事件的處理等，都由這位特教教師來完整、系統性地提供教學和引導。在這樣長時間的陪伴及具有清楚的個別化教育目標的安排之下，這位有特殊需求的孩子學習情形日漸穩定，不再出現危及他人及自己的問題行為，面對衝突時的幻想也逐漸減少。

實驗教育辦理單位若有特教專業人員的進駐，特教教師的責任範圍最核心的是有特殊需求的個案孩子，並可在完成對特殊需求孩子的服務後，有餘力時同步提供相關的特教服務給其他學生。例如實驗教育常會進行小組任務、分組討論，這時特教教師就可以擔任其中一組的帶領教師。至於有特殊需求孩子是不是每次都要跟特教教師同一組，可依照個別化教育目標來安排，一開始可以在同一組，由特教教師提供直接教學的引導，到中後期可嘗試由普通教師帶領，再觀察特殊需求孩子在不同教師的帶領下，是否能有效的討論及對話，如此，就能察知孩子在這方面是否進步。

做中學實作生活管理

身心障礙課綱指出生活管理的學習表現包括：自我照顧、家庭生活、社區參與及自我決策等四個向度（教育部，2019a），實驗教育強調、也在意孩子的生活，課程安排上會保留大量的時間進行與生活有關的探

索，會藉由安排天數較長的校外教學來達成對於孩子問題解決能力、走入
真實世界的能力。在這樣的規劃下，孩子的生活管理會以正式的課程來進
行設計，提供大量運用的機會，而特殊需求孩子的生活能力養成，特教教
師的功能就非常重要，需要搭配實驗教育辦理單位原定的課程安排來整合
資源提供合適的課程，並且整合資源來協助特殊需求孩子發展合宜的生活
能力。

　　例如一位六年級肌肉萎縮症、需要使用電動輪椅移動的孩子，要與班
上同學一組前往九份進行兩天一夜的校外教學活動，特教教師與導師在事
前規劃時，查詢移動過程中低地板公車、輪椅可上下的火車月台，行政也
同步提供支持系統，安排一位特教助理員隨行全時段陪伴，藉此讓特教教
師有喘息的空間，更專注在課程的安排與執行，讓這位有特殊需求的孩子
實際參與練習生活管理。到了晚上就寢時間，家長則到民宿協助孩子的盥
洗、就寢。藉由教師、家長的互助，讓孩子也擁有同樣的校外教學經驗及
成長。同一位肌肉萎縮症孩子，在參加第二次的臺中兩天一夜校外教學
後，在小組反思時光中表達對教師、同學的感謝，也主動提出自己判斷在
這樣的狀態下，應該無法參加五天四夜的畢業壯遊。這樣的自主評估代表
對於自身狀態的深度理解，也正是實驗教育辦理單位所希望看到「長在孩
子身上」的自主學習判斷能力，從中也更能看出實驗教育在這時能滿足孩
子特殊的學習需求（圖 6-1）。

肆　多元策展提供獨立研究與創造力舞台

　　資賦優異課綱中指出獨立研究的學習表現包含「研究態度」、「研
究概念與思考能力」與「獨立研究技能」（教育部，2019b）；創造力的
學習表現則包含「創造性人格特質」、「思考歷程」、「創意成果」與
「環境營造」。上述的特殊學習需求，在實驗教育中，因為著重「經驗知
識」的獲取、累積與探究，在學習評量方式選擇上，大多採用學習成果
策展，透過與別人的分享及回饋，提供孩子判斷自己學習效果、持續引發

圖6-1
在親師生協助下完成學習活動的孩子

註：實驗教育中的肌肉萎縮症孩子，在親師生的整合協力支持下，完整參與隔宿校外學
　　習活動，從而提升孩子自身的自主學習判斷能力。

學習熱情的機會。在實驗教育中，國小高年級、國中與高中的孩子都會以
獨立研究或專題研究的型態，針對自己感興趣的主題進行深入而完整的探
究，題目跨越各種學科領域，可能是科學研究、文本或圖像的創作，或創
造新產品來解決既有問題，都在孩子可能想探究的範圍內。這正與有此類
特殊學習需求的孩子不謀而合，能提供足夠的難度與挑戰來引發學習能力
較強孩子的學習動機，以及加深、加廣的需求。而這些孩子在課程中自主
產生的探究議題、分享內容，讓孩子不斷的嘗試屬於自己的「前所未見的

探尋」，在任務中一次又一次的挑戰過程中，逐步建立起正向的學習循環，讓孩子能夠始終保持著「未完待續」，持續進行探究的學習欲望。

　　學習成果策展、獨立研究、小組研究或專題研究，需要與同儕合作，需要孩子自己有清楚的時間規劃及完整的探究歷程，對於有特殊學習需求的孩子來說並不容易，但也因為實驗教育每年都會定期讓孩子探究，「探究」也因此成為孩子將前述各類能力整合展現的機會。不同特殊需求的孩子在自己選擇主題的任務中，我們能觀察到成長和轉變，而實驗教育的特性在於能提供大量的機會和經驗給予孩子練習（李協信，2021）。

第四節

結 語

　　在本章中，我們了解到實驗教育的特性在於提供大量的機會和經驗給予孩子練習以獲取經驗知識（李協信，2021）。而要能滿足特殊學習需求，須滿足「充足的彼此理解」、「辦理單位的資源能支撐及滿足孩子的特殊學習需求」及「建立正向的循環」這三個前提；具體的行動策略則包含「經驗知識提升學習策略成效」、「大量互動培養社會技巧，增進情意發展」、「做中學實作生活管理」、「多元策展提供獨立研究與創造力的舞台」等，這些對特殊需求孩子有效的學習策略需要特教相關專業人員協助整合各方資源，與教師、行政、家長多方共同努力，才能讓實驗教育有效地滿足孩子特殊的學習需求，提供在實施實驗教育時，在教學與輔導上面對特殊需求孩子的教師與家長參考。

實驗教育實踐論

第 7 章

「集結眾人之力」：編織臺灣教育未來的想像之網

蘇仰志

ZA SHARE 雜學校

在全球化的脈動與產業趨勢下，教育也必然的面臨到挑戰。包含學校是否是教育唯一場所、教育與創新、教育與國際發展如何有效連結等，皆處於一個正待探索的階段。我國推動的實驗教育，已打開一扇可以將這些想法付諸實現之窗，但實驗教育不能只停留在學校、機構對舊體制的顛覆，或是自行對教育本質和課程結構的想像，要讓實驗教育綻放出更璀璨的光芒，還需要透過學校、產業、社會、公民這幾個在教育體系中皆扮演著利害關係者的角色，共同負起社會責任，以共好、共創、共贏的理念和做法提供學生更多實踐機會，才能開創教育的新貌。

本章作者是雜學校的校長，以自身在跨領域上的實踐歷程，說明如何透過青年創新的力量協作，由下而上展現教育「織網」的潛能。不但積極辦理體制內外教育人員的增能，自己的孩子也就讀於實驗教育學校。其在本章中提到的概念，是實驗教育需要一個孵化器，一來讓實驗教育擁有更多可觸及、可活用的環境，來提高並創發實驗教育的能量，改變整個教育。二來，也期待臺灣的實驗教育能成為全球看待我們的一個品牌，讓臺灣經由實驗教育引領教育創新，打造「學習型社會」與「Taiwan as Campus/Sandbox」的品牌。

打開教育的想像

　　教育，是個體與群體的向上向善成長發展的過程與孕育體系。凡涉及向上向善成長發展的事務領域皆須教育參與。因此，教育不但是社會之根，也最有條件成為編織社會之網。

　　在過去的臺灣與今日多數國家，教育（education）多被窄化為「schooling」（上學，或譯為學校教育）。由於學校作為社會前置且往往與之隔閡的存在，窄化為 schooling ／上學的教育「最理想的狀況下」只能做社會之根——「實際上」，學校往往是社會的主要「溫床」或「原罪」之一。作為社會之根的學校，也在大眾教育誕生之始，被植入「專分」的基因，使「融貫」至今困難。因此，絕大多數國家皆未能實現教育「織網」的潛能。

　　所幸，臺灣自由、民主、多元的土壤讓雜學校有機會長出很「ㄅㄧㄤ」的樣子。具體而言，多數人看雜學校打著「教育」的旗號，卻說不出雜學校到底跟「教育」有什麼關係。其實，不是雜學校跟教育沒有直接關係，而是多數人對教育的認識仍侷限於學校裡。雜學校的「雜」，來自切斷「education ／教育」與「schooling ／上學」間被強加的「等號」、拆除知識技能專分的壁壘，透過青年創新的力量協作，由下而上努力實現教育「織網」的潛能（圖 7-1）。

　　世界變遷日益加速，人類危機也日益複雜，作為「根」的教育，不但要使人有能力在洪流中應變甚至「創變」，作為「網」的教育更需串連融貫各界的成長發展，才能回應專業分科無法處理的危機，這再次證明教育的戰略高位。也因其戰略高位，縱使雜學校已努力「織網」多年，仍須全民與國家協力，讓教育之網織得更柔韌、穩健、豐富多采。

　　「根」與「網」，恰恰反映生態系「孕育」且「連結」的屬性。因此，成熟的教育，必然發展為社會的教育生態系。

圖 7-1

2016 年雜學校教育創新博覽會在臺北華山 1914 文創園區

第二節

臺灣獨有的「草根性格」

　　雜學校在 2021 年與德國前總理梅克爾（Angela Dorothea Merkel）的智庫 KAS（Konrad Adenauer Stiftung）基金會合作，發起了 KASpaces（Konrad Adenauer Sharing Political and Civic Engagements Spaces）計畫，透過委託各國機構撰寫研究報告與舉辦研討會，由下而上蒐集日本、南韓、印度、尼泊爾、菲律賓等亞洲十三國的教育「典範實務」（best practices）。臺灣第一次受邀就令各國驚豔不已，他們認為臺灣教改與創新不只領先國際，也非常多元多面，在各議題都有值得他國政策借鏡與對話交流之處。甚至在論壇中稱臺灣擁有世界級的教育體系（world-class education system）與民主平等的教育體系，讓當事者有很大的自治空間，再加上民間創意動能推動教改、實驗教育、教科書與課程綱要共同審議等，都讓世界稱羨。

　　這幾年筆者在各國舉辦的教育論壇中觀察到，我們有一個其他國家難以複製的特殊性，就是臺灣人由下而上蓬勃發展的「草根」性格，以及教育政策、制度的民主化與「刻意留白」。

　　伴隨解嚴前後強大的社會運動能量與對民主化的追求，1990 年代第一波臺灣教改，民間團體透過《教育基本法》、教育經費審議、民編教科書等立法與創立不受體制規範的另類學校等途徑，闖出了讓人民參與教育治理的依據與教育多元發展的縫隙。許多社運人士在這一波民主化進程中加入政府，也為日後教育改革推動者和政府之間的溝通和合作，降低了門檻與障礙。

　　2010 年代，伴隨高教普及後的學歷貶值，傳統填鴨式教育與「大學學歷＝保障就業」的成功公式日益失靈，「什麼樣的教育才真正有用？」的問題也越來越廣為人思。在此脈絡下，「十二年國民基本教育」正式告別「九年義務教育」：就學不再是人民的「義務」，而是自主選擇的「權利」；國家沒有「權力」教育人民，但有「義務」提供人民教育。

　　十二年國教「校訂課程」的刻意留白，讓在地親師生與社群擁有「長出自己的學習樣態」的空間與正當性，《高級中等以下學校課程審議委員會組成及運作辦法》則讓家長、學生、非政府組織、原住民等社會各界代表參與教育治理成為常態。與此同時，從「地方教育自治」縫隙中產生的「在家自學辦法」與「體制外學校設立運動」吸引了一波波「島內教育移民」，讓人民「用腳當選票」逐漸逼出「實驗教育三法」在 2014 年的立法。從此之後，臺灣正式進入「全民辦教育」的時代，任何個人或群體若不滿足於主流體制提供的教育，都有權限與管道打造適合自己的學習。這樣的教改歷程及其形成的教育體質，與多數國家本質上有很大的不同。

　　相較之下，同處於東亞、讓西方社會稱羨（基於他們厲害的 PISA 與 TIMSS 國際評比成績）的日本與韓國，雖然幾十年來也有強大的教改運

動能量與體制外教育風潮，但這些民間教育能量始終遊走體制邊緣的灰色地帶，往往缺乏法律承認，更遑論影響主流體制。

又如美國，美國法律雖然高度允許人民教育選擇權與自主權，但這種自由恐怕更多體現在「互不干涉的消極自由」與「市場化的教育商品選擇」；聯邦教育政策仍受財團影響最大，缺乏讓草根創新變革者參與聯邦教育治理以及體制內外交流激盪、追求共好的文化。

再如歐洲，尤其北歐教育政策的開放、平等與卓越成果往往讓臺灣稱羨與推崇，但那恐怕與「人民缺乏單一教育體制外的教育選擇／自決權」互為因果。德國、瑞典等國家儘管簽署多項承認父母有權提供有別於公立學校教育的人權公約，但實際上政府對「體制外」教育（不論是臺灣所謂的個人自學、另類教育團體或機構）是不友善的，甚至視其為嚴重非法；為了自學跟政府對簿公堂、被罰以鉅款、被剝奪監護權，甚至孩子被武裝警方直接從家中或機場帶走、安置於社福機構，等等案例層出不窮（Owens, 2013）。

就連全球開放教育始祖夏山學校（Summerhill School）都曾因「放縱而非教育學童」被英國 DfEE（教育和就業部）威脅勒令停辦。該案件後來受到國際教育界的關注，夏山學校最後不但未被關閉，更引起了在教育孩子上的廣泛探討（郭實渝，2008；Summerhill, n.d.）。因此，當夏山學校創辦人 A.S. Neil 之孫，現任代理校長 Henry Readhead 聽聞臺灣制定「實驗教育三法」後，亦稱羨臺灣教育法規的開放。

若說日、韓教育創新進步的動能，體現於體制高牆外一個個自發組成、理念崇高的烏托邦；美國體現於市場經濟下的各自為政、適者生存；歐洲體現於政府高瞻遠矚帶來的開明專制；這十年臺灣教育創新進步的動能，筆者將其稱為一種全民的教育實驗「沙盒」（sandbox），體現於「民間實驗、政府整合」的實用主義或敏捷管理精神。

這種精神，可以解釋為何二十年前體制外學校本不被理解的「問題／專案導向學習」（problem/project-based learning）、「主題式教學」、「自主學習」、「多元選修」、「混齡教學」、「行動學習」、「博物館

化校園」等教學政策，爲何如今能成爲全臺灣主流學校都熟悉的概念。

這幾年，有一些由臺灣教師、民間甚至學生原生的，由下而上推動的概念或發起的計畫，例如「夢的 N 次方」、「學思達」、「PaGamO」、「均一」、「美感教科書」、「臺灣吧」、「城市浪人」等，以及更重要的 SDGs（Sustainable Development Goals，永續發展目標）議題和地方創生蓬勃的浪潮紛紛出現，這些運動不只進入主流體制、廣泛影響校園、與中央及地方政府達成緊密合作關係，更將創新變革經驗分享給馬來西亞、香港、新加坡甚至歐美國家。這種從草根萌芽的、本土的，有賴於「民間實驗、政府整合」的教育分工模式，是日、韓歐、美等國在其教育體系之體質下，不容易實現的模式（圖 7-2）。

圖 7-2
雜學校的前身：「2015 不太乖教育節」呈現臺灣由下而上草根的創意

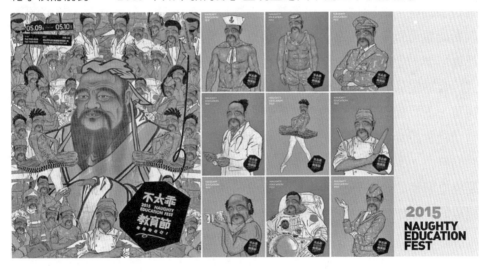

像新創般的孵化教育創新

　　無論是實驗教育或是各式教育的創新，無非都是希望透過以人爲本的基本精神，朝「教育民主化」以及「學習的個人化」的未來路徑前進。這其實與當下全球銳不可擋的產業趨勢：「去中心化」與「生成式 AI」的大浪潮不謀而合。前述臺灣處於一個相對其他國家具有優勢位置的當下，如何能更與時俱進的與眞實社會與產業連結與應用，實至關重要。也因爲教育體系長久以來與社會產業發展的脫鉤，所以我們更需要以一個新的方式去產生更多連結，用更尊重差異、包容多元的創新方式重新審視所謂的「教育生態」。

　　如果臺灣教育創新可以借鏡全球新創產業的「孵化加速生態」的邏輯與發展路徑，讓跨世代、跨產業、業圈層、跨議題的交流融合，讓資源與創新能量可以更有效率的流動，讓更多的創意創新能獲得無論是商業上與社會影響力上的成功，推進人類世界的變革。思考我們如何透過這樣的方式，實驗屬於我們的教育創新。再者，因爲教育的利害關係者結構龐大且複雜，所以如果要眞實的創造影響力推進改變，必須是一場場不間斷的大型「社會設計」運動。然而，實現社會設計與眞實社會學習需要全社會的共同努力。學校、產業、社會、地方和公民都是重要利害關係者，彼此需要建立緊密的合作關係與生態，透過前述提到的臺灣各種多元創新與青年組織的「草根性格」作爲中介角色，擾動與實驗更多的可能性。

　　回顧過去，學校教育系統一直由教育部管轄，但我們需要承認這個系統在過去的一段時間內無法滿足社會的多樣需求。我們都知道改變一個系統著實不易，更何況是國家龐大的教育系統與行之多年的學校教育體系的限制，最重要的是長期在這樣系統下人民對教育的思維無法跳脫「路徑依賴」的文化與價值觀。所幸「實驗教育三法」提供了一個破口，新世代的教育工作者與家長有機會一步步推進教育創新，但這幾年的觀察，發現其

實還是有很多系統性的機制限制，實驗教育的影響力與推進速度力道，遠遠不及社會環境的指數型變化。

　　未來，如何建立更具適應性和實踐性的社會教育生態模式，是雜學校十年來一直在努力嘗試串連與實踐的路徑。回看杜威（John Dewey）一百多年前已提出「教育即生活，社會即學校」的觀點（Dewey, 2021）。不過，由於當時的科技、社會氛圍和公民文化環境的不成熟而難以實現。但現在隨著科技進步和社會文化的變遷，我們有更多的可能與方法在真實社會中學習。這不僅僅是知識的學習，更是培養學生解決問題、創新思維和社會參與能力的關鍵，呼應了今日科技和臺灣多元的文化，使得學習能夠有機會更貼近真實的社會生活。社會設計和真實社會學習是當今教育領域的關鍵議題，尤其在 21 世紀這個充滿挑戰與機遇的時代。我們必須打破傳統「學校」教育體系的限制，以及大眾對教育長期窄化的思維，思考如何從社會的角度出發，建立更具適應性和實踐性的教育模式（圖 7-3）。

圖 7-3
雜學校自 2014 年來累積匯聚超過 3,000 個創新單位

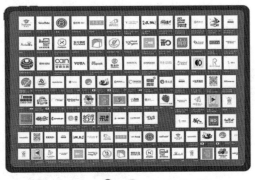

第四節

影響力資本

筆者認為臺灣的教育創新，必須要關注資本和商業邏輯在社會設計中的作用。近年來國際上「創夯」的資本叫「影響力資本」，意指當今所有產業在追求金錢獲利，也重視解決社會、環境問題。讓投資的每一元都創造出大於一元的效益！企業不僅對股東負責，也為客戶、員工、社區和環境服務，共創公共利益。因為只有與社會共好的企業，才能永續發展資源的協作和商業的共好，這也將成為社會設計實現的重要動力與風口。因此，教育系統與影響力資本需要密切合作，尋求雙贏的機會，共同推進社會設計的落地。

雜學校在 2023 年成立第一個實體校區，建立一個城市的「共享學校」概念的 prototype，地點在臺北圓山站旁的 CIT（Center for Innovation Taipei）（圖 7-4）。其成立目的在於嘗試成為實驗教育、產業、社會和公民之間的聚合點，促進彼此之間的交流和合作，也協同資源孵化加速彼此的發展。這不僅僅是對教育系統的一個改進，更是一個社會設計的大藍圖，為整個社會的進步和發展帶來新的契機。

圖 7-4

雜學校 2023 年末在 CIT 臺北創新中心成立第一個實體校區

　　社會設計與眞實社會學習是當今教育發展的重要方向。我們需要回顧過去，從杜威的觀念中獲取啟示，並充分利用科技和全球化的機遇。透過各利害關係者的協作，建立共好、共創、共贏的教育生態，使學生在眞實社會中學習、實踐，成爲具有創造力和社會責任感的優秀公民。雜學校未來致力前進的理念和做法有三，分述如下：

壹　善用企業 ESG，協力教育永續發展

　　眞正的社會設計需要善用企業（資本）的資源及其影響力，只有這樣，社會設計才能像一個齒輪一樣向前推進。近年來因國際上對 SDGs 永續發展目標的重視，以及企業 ESG（環境、社會、公司治理）的興起，產生了很大的空白與機會。然而，臺灣的教育系統在商業協作這方面相對較缺乏。爲了實現社會設計的成功，我們需要將企業資源納入其中，並利用影響力來促進利害關係者的改變。

　　企業資源和商業邏輯在社會設計中的重要性不可忽視。這不僅僅是因爲企業資源可以爲社會設計提供資金支持，更重要的是商業邏輯能夠帶來更有效率的運作和管理方式。商業邏輯使得社會設計能夠更好地應對各種挑戰，並找到更合適的解決方案。然而，在臺灣的教育系統中，商業協作這一塊的發展相對滯後。這可能是因爲傳統上教育被視爲一種公益事業，而商業活動往往被認爲是追求利益的手段。但實際上，商業和社會設計是可以結合在一起的。商業可以爲社會設計提供更多的資源和支持，同時社會設計也可以爲商業帶來更多的機會和市場。

　　在當今錯綜複雜的領域中，教育擁有最大的影響力。透過教育，我們可以培養出更有社會責任感和創新能力的人才，以及最大力道促使龐大利害關係者的改變，這其實是近期全球最夯的企業 ESG 最關鍵的核心所在，更是社會設計的成功至關重要的關鍵。爲了實現這樣的社會設計，未來眞正需要的是「如何將社會資源、商業邏輯和影響力連接在一起」，這需要業界和教育機構之間的合作與協作。許多新創單位擁有豐富的商業

經驗和創新思維，這些可以為社會設計帶來新的視角和解決方案。透過合作，我們可以將這些資源和影響力整合在一起，形成一個更加強大的社會設計藍圖（圖 7-5）。

圖 7-5
雜學校自 2014 年來影響力持續受到政府單位的關注與支持

貳　實驗教育是一場共好、共創、共贏的社會設計

　　當代社會中很多困難的議題與問題，需要更多的智慧與創新去協同解決，絕對不是以往一個大企業或組織可以單獨扛起。因此，如何透過集體智慧實現共好、共創、共贏的社會設計變得尤為重要，尤其學校、產業、社會和公民在這個教育體系中都扮演著關鍵的利害關係者角色。企業除了是商品和服務的提供者，也是公民，其應負有社會環境責任。此外，企業需要與學校緊密合作，透過學校提供的場域為學生提供實踐機會，而學校也能向產業提供優秀的人才。然而，目前產業界對於學校所培養的學生的實際需求與他們所教授的知識與技能之間存在落差，然而這不應單單歸咎於教育系統本身。若產業界能更自覺地融入 ESG 的邏輯，主動與學校建立緊密的合作關係，亦或是直接負起社會責任自己培養產業的人才，這些問題或許能夠逐漸解決。

　　另外，除了擁有資源的企業與資本，以及學校與教育系統既有的場景與需求，最重要的是臺灣有著各種 SDGs 議題的新創，這幾年觀察到越來越多的以社會議題爲主的新創企業的崛起，這裡面的光譜很寬廣多元，有從以商業爲導向的商業單位，到平衡兩者的社會企業型態，到最多的 NPO 團體組織，他們都有著很多的創新技術與能量，但缺的無非是市場資源與應用場景。在 ESG 的浪潮下，讓企業更願意出資源，新創出解決方案，教育系統提供場景與影響力，結合更多在地的地方創生資源。

　　總結來說，實現共好、共創、共贏的社會設計需要學校、產業、社會和公民的共同參與和合作。學校應該注重培養學生的實踐能力和社會參與意識，產業則需提供實踐機會和支持，讓學生在實際問題中學習成長。同時，我們應該注重將資本和商業邏輯融入到社會設計中，唯有如此，我們才能激發出「影響力資本」的力量，推動社會設計朝更美好的方向前進。這將是一個持續不斷的過程，需要我們共同努力，和實驗教育的精神一樣，不斷地學習、創新和進步，讓共好、共創、共贏的社會設計成爲我們實現可持續發展目標的重要動力。

政府、產業、社會、公民之間的連結與協作

　　教育是社會進步和發展的重要支柱，而實現共好、共創、共贏的社會設計需要學校、產業、社會和公民之間的緊密連結和協作。雜學校作爲一個連結不同利害關係者的平台和舞台，在教育領域耕耘了九年多，成功取得了各方信任。這個平台的功能在於將社會、產業和公民連接在一起，使他們能夠共同探索解決社會議題的方法。教育系統與社會之間的對接一直是一個具有挑戰性的任務，特別是在 108 課綱下。雜學校提供了一種新的方式，透過這樣的連結點，每個城市都有機會擁有一個共享學校，這樣的學校能夠將教育系統、產業、公民和社會的各種議題融合在一起，共同創造更美好的未來。這正是對未來 118 課綱的社會設計的一個宏大藍圖。雜學校在民間的長期實踐使得他們在推動這個藍圖上非常有力量，他們能夠

與體制內的教育機構進行有效的對接。同時，雜學校內部的教育工作者和產業人士的密切合作，也爲社會設計提供了豐富的資源。

透過這樣的社會設計，我們可以創造一個共好、共創、共贏的環境。學校能夠提供豐富的學習資源和實踐機會，幫助學生更好地適應社會的需求；產業界能夠在學校中尋找優秀的人才並給予支持，同時發展更具社會責任意識的商業邏輯；而公民則能夠積極參與社會事務，共同解決社會面臨的挑戰。這種連結和協作將使得整個社會成爲一個互助共融的大家庭，共同實現共好、共創、共贏的目標。

因此，教育、產業、社會和公民之間的連結與協作是實現共好、共創、共贏的社會設計的關鍵。雜學校作爲連結不同利害關係者的平台，爲社會設計提供了豐富的資源，透過雜學校等平台的建設和推動，我們能夠在不同領域找到共同點，促進合作，共同推進教育轉型，也共同創造一個更加繁榮、和諧和進步的社會，實現可持續發展的目標。共享學校將成爲建立教育生態的重要一環，爲整個社會的進步和發展帶來新的契機。爲達成這樣的目標，需要持續的努力和創新，讓每個人都成爲這個連結和協作中的積極參與者，共同塑造一個更加美好的未來。

第五節
結語：建構臺灣教育創新生態系的提問與想像

要爲臺灣構築教育生態系，雜學校認爲必須打破「schooling ／上學」對教育的窄化，以人的價值尊嚴與社會互爲主體爲前提，進行見樹又見林的系統性思考。基於本土脈絡的可能切入點，有幾項是我們可以做的。

首先是「臺灣是否可能善用實驗教育的靈活彈性」？針對他國教育創新與變革者更加積極作爲，回應其挑戰與困境，進而發揮國際影響力／提升國際對臺依存度？例如若矽谷能成爲全球科技創新的震央，維京群島成爲全球離岸公司天堂，瑞士成爲全球資安隱私重地，臺灣可以成爲什麼？臺灣的教育，以及相關法規又能扮演什麼角色？

　　其次，「面對全球民主制度的內外危機，作為亞洲民主燈塔的臺灣能否結合亞洲、大洋洲文化基因，引領非西方本位、兼容多元文化脈絡的全球民主轉型？」回應 NFT（non-fungible token，非同質化代幣）、Metaverse（元宇宙，或譯為潛宇宙）等新科技代表的去中心化與虛實整合浪潮衝擊，數位民主（例如 open source/data 運動、太陽花學運、g0v 社群、唐鳳效應等）與半導體經驗能讓臺灣如何找到新國際定位、發展建設與產業？隨著遠距工具普及，Web 3.0、DAO（decentralized autonomous organization，分布式自治組織）興起，我們是否能重新想像未來的教育、人們的日常生活與工作，乃至組織與社會的治理？

　　臺灣應如何面對科技「無法可管」的飛躍性成長？隨之指數級擴大的科技與數位落差？臺灣基於自身文化脈絡與關鍵卻非歐美軸心的位置，應如何參與因科技而生，卻「未定義」的世界新秩序及其倫理？

　　再者，面對經濟、社會、環境永續之人類危機，以及西方世界引領解方（如各種氣候協議、SDGs）的捉襟見肘，臺灣能否基於亞洲、大洋洲文化基因，對非洲、南美的耕耘，與歐美民主國家的友善，形成非西方中心主義的願景提出、論述引領、實踐先行者？回應上述課題，我們需要一個同時作為「根」與「網」的廣義教育（包含學術、文化、社會創新、藝術、媒體、科技新創等，涉及人與社會的向上向善成長發展者）。

　　最後，實驗教育能在其中如何扮演何種角色？實驗教育是否能以臺灣社會變革與教育密不可分的基因，以及回應上述課題所形成的教育生態系，作為臺灣國際品牌主體願景？若芬蘭以「國家教育」為品牌主體，臺灣是否可能以「社會／實驗教育」、「學習型社會」甚至「Taiwan as Campus/Sandbox」（臺灣作為校園／沙盒）為品牌主體？

　　以上，是筆者針對臺灣教育、臺灣社會與世界的未來所拋磚引玉的片面想像。期待透過分享這些「腦洞大開」的大哉問，種下一些種子——慢慢鬆動「schooling ／上學」對「education ／教育」的制約，讓各種不同的人在社會不同角落開枝散葉，共同交織出繁盛而滋養大地、護育眾生的教育生態系。

第 8 章

創意思辨、適性探索與跨界取向的人文與藝術實驗教育

詹家惠

XUE XUE INSTITUTE
臺北市學學實驗教育機構

　　以適性探索、跨域跨界為方式，引導高中生培養人文藝術與文化創意產業素養的實驗教育機構——學學實驗教育機構，位於臺北內湖科技園區。它的實驗教育理念著重人文藝術與設計教育，是當前眾多實驗教育機構中，一個很獨特且唯一的存在。實驗教育課程以人文、藝術、設計為主軸，學生得以在三年期間充分探索自己，並在了解自己之後發展個性，邁向自我實現的學習旅程。

　　本章係由學學實驗教育機構的教育長所撰稿，其在學學機構的辦學中，從招生、課程設計、規劃與實施、教師招聘、升學輔導等充分參與，且由於擔任過臺北市實驗教育審議委員，在審查與輔導高中階段學生申請個人自學計畫中了解各種學生特質與學習需求，因此本章所述的理念和經驗，提示了如何利用實驗教育實踐一個以人為本的人文藝術設計教育理念，也可讓讀者理解到實驗教育打開的寬廣空間，讓我們對「更美好的教育」可以從想像到落實，進而開展孩子多元天賦，成為自己學習的主人。

跨界整合、創意思辨的人文藝術設計教育的辦學理念

　　「學學」創立於 2005 年，首先以「學學國際文化創意事業股份有限公司」營運。徐莉玲創辦人的初衷，即希望爲臺灣當前的美學素養和文化創意產業的發展努力，學學成爲臺灣第一間文化創意產業民間育成中心，協助大學生及社會人士在傳統的教育體制外學習文化創意產業逾百項行業的知能。學學成立的背景，是產業變革的關鍵時代，行政院 2002 年提出「發展文化創意產業計畫」，徐莉玲有感當時文創產業振興法案條文大部分針對工廠活化的狹隘，更鑒於臺灣仍未跳脫工業代工、商業代理的框架，因而在協助政府進行文化創意產業範疇分類（包含「視覺藝術」、「音樂及表演藝術」、「視覺傳達設計」、「設計品牌時尚」等十六大產業別）之際（文化部，2015），更洞見文創推動最大問題——「整合」。文創不外乎建立在兩大支柱上，一是產業，是經濟的力量；另一是創意，是文化的力量，整體產業以文化創意加值引導工商業建立品牌，然而，臺灣最爲欠缺的，是如何跨域整合的關鍵角色（Hsu, 2021）。學學相信文化創意產業的每一個單項都須與其他行業進行跨界合作、垂直或平行整合，才能不斷自我完善與整體提升。故自 2005 年起至今，累積邀請逾兩千位國內外文化創意產業各業別的專業業師，企劃超過十萬堂文化創意產業課程，搭建起國際創意產業跨界學習、交流合作的學習平台。各課程分享各行業大師的心路哲思，學員得以向不同領域的業界職人學習、與藝術設計接觸對話，透過跨界互動的遇合與感悟，得到靈光乍現的創作構思或職涯發展。

　　學學文化創意基金會於 2007 年成立，推動文化色彩及美感教育，扎根於學齡階段藝術與文化的教育和師資培訓。長年於全臺灣與國中小合作實施免費公益課程，見證美感教育帶給孩子自信和提升生活美感的敏銳度的影響力，同時有感於全球產業趨勢及青少年身處的環境將步入一個嶄新

的人機協作時代，如李開復提出：機器將在大量簡單、重複性、可量化、不須複雜思考，就能完成決策的工作中取代人力（邱紹雯，2020）。學學深刻體認到傳統以固定知識填充的教育模式的不合時宜。尤其，當學生特質適合朝向人文或藝術領域發展，諸如藝術家、導演、表演、作家等創意性工作，歷史、人類、社會學等人文科學工作或管理者及跨領域專家等，這些必須整合理性與感性的能力、情感表達、非線性創意思維，正是機器無法取代，更是當前青少年面對未來值得學習與發展的方向。因此，啟動了學學文化創意基金會辦理高中階段實驗教育——「臺北市學學實驗教育機構」（以下簡稱為學學），推動「適性探索與跨域發展」的人文藝術設計教育的決心。

第二節
以適性探索課程培養人文藝術及文化創意產業的未來人才

近年大學生因「志趣不合」而休、退學的情況持續攀升。為改善此現象，政府目前採取的策略是「強化高中階段生涯探索與體驗」、「鬆綁大學法規學則增加跨域學習彈性」兩方向，希望帶動高中與大學之教育更趨「客製化」、「個別性」（范巽綠、蘇麗瓊、賴振昌，2022）。學學實驗教育機構早於2017年成立之前已洞見臺灣產業勢必尋求變革的趨勢，以及高中與大學教育的人才養成銜接的問題，促使高中階段的教育透過多元整合的課程朝向「探索性」、「跨域跨界」，並且引導學生的「個別性」能獲得適性發展，是辦學的主要理念。

「適性」——著重於學生的個人特質、天賦和興趣的發展；「探索」——融合對全球產業趨勢的觀察，以文化創意產業內容範圍與人文藝術領域之通識、進階課程為發展潛能及探索學習的範疇，引導學生在探索生涯的同時延伸跨領域觸角，此為高中階段「適性探索課程」的精神及內涵。

　　高中階段三年「適性探索課程」之架構，讓偏好人文藝術學習取向或喜歡多元探索學習的青少年，透過廣泛接觸人文、藝術、設計學習領域，同時以對應文化創意相關產業之實際運作的多元課程，由業界師資帶進當前產業所需的專業學習內容，以及分享其工作經驗與生活型態，讓青少年透過課程充分試探並發展興趣和專長，幫助高中生順利銜接大學科系或發展職涯取向。

 ## 高中第一年的人文藝術設計適性探索課程

　　學學「適性探索課程」三年架構為入學第一年（高一），所有課程為必修；第二、三年則轉為多數學分皆為選修。第一年所有課程為必修，包含「通識基礎課程」、「人文及藝術設計適性探索課程」，奠定廣泛探索、多元學習的基礎，同時初步試探興趣與潛能取向。第一年的「通識基礎課程」包含國文、英文、社會領域在內的「人文社會底蘊」課程，以及「藝術設計通識」課程、「知識技能應用」課程。第一年的人文及藝術設計適性探索課程，包含各種設計課程、各類藝術表現形式並關聯於人文思維的課程，包含電影、繪畫、平面設計、空間建築、時尚服裝、表演等，入學第一年須全部修習。學學是以全球產業趨勢及參考文化部與經濟部擬訂之「文化創意產業內容範圍」來規劃課程。「人文及藝術設計適性探索課程」作為第一年的必修課程，目的有二：一是奠定人文及美學思維的基礎知能，作為未來跨界跨域的基礎；二是探索特定人文、藝術、設計領域的興趣，作為第二與第三年「專修發展」選修課程的選課與銜接大學科系的試探。

 ## 高中第二、三年 —— 適性發展及銜接大學或專業志向的多元選修

　　入學第二、三年，除了國文、英文、體育屬必修的通識基礎課程，其他人文、藝術、設計領域課程全為必選修課程。這四個學期，修習課程的

規劃交由學生自主安排，須達到每學期規定的修習學分數下限。鼓勵學生多選修感興趣的藝術、設計或人文的「專修發展課程」，深入探究幾個領域，以評估自己未來學涯、職涯發展的方向。根據學生的選修意願而開設的「專修發展課程」具有「大學預備課程」性質，人文及藝術設計「專修發展課程」較第一年的人文及藝術設計「適性探索課程」更為進階，強調個別化。透過更深入的「專修發展課程」，一方面為學生奠定所感興趣的藝術、設計或人文專門領域的能力；一方面累積該領域更專業的作品或深入探究的能力。選修制的「專修發展課程」，引導學生透過「研究與實作過程」，發展原創風格、建立個人特色，課程著重一對一個別指導。學學的課程架構，如圖 8-1 所示。

圖 8-1
學學的高中三年課程架構圖

引導學生適性發展的選課及評量機制

從高一全必修，著重各領域廣泛的初步探索；到高二起轉為專修發展的選修課程，著重適性發展的選擇，引導學生更深入探索特定志向或職涯取向。引導學生進行適性發展的選課及評量機制如下：

一、每學期中進行「修課課程意見調查」

當學期超過一半週數時，以線上問卷的方式請學生填寫「修課課程意見調查」。採開放性問題（填答文字）蒐集學生對於所有課程的個人投入情形與意見。除了作為各課程內容與授課方式是否須調整的溝通及檢討依據，亦能於個別學生對於所表達的各課程學習及投入情形和意見，得知個別學生的學習風格、興趣等，成為教育長及導師了解及輔導個別學生適性選課的參考。

二、每學期末進行「選課意願初步調查」

每學期末前，讓高二、三或將升高二、三的學生，針對感興趣的人文及藝術設計「專修發展課程」進行「選課意願初步調查」，依學生初步思考評估下學期欲選課的課程作為排課的重要依據。若遇多數學生同時希望修哪幾門課程，於規劃確定課表前，事先與各課程授課教師溝通，減少這些課程排在同時段造成衝堂的情形。同時，學生進行「選課意願初步調查」過程中，透過向學生介紹課程內容及建議特定學系取向可修習哪些課程，又這些課程分別有助於哪些領域能力的發展，讓學生有初步了解及開放問答交流討論。「選課意願初步調查」也是導師輔導個別學生適性選課的參考。

三、每學期末之「學習評量報告」

每學期末學生會收到該學期所修課程的學習評量，包含量化的評分等級和質性的文字評述。此為授課教師針對個別學生於各課程學習歷程的表現所給予的觀察回饋與提醒，目的為讓學生了解自己在各領域學習上的優

勢，以及學習方法之精進或學習習慣與心態調整的建議等，並非著重精熟程度的檢視或定義學生的能力，而是作為學生探索興趣志向、反思自我學習狀態與潛能發展的參考。學期末學生及導師閱讀「學習評量報告」，可作為學生下學期選課的參考，亦是導師輔導個別學生適性選課的討論參考資料之一。

四、每學期初為期二週之「試課週」

　　高二、高三每學期開學初會有二至三週的「試課週」，讓學生能分別進入想選課的課程試上。授課教師會詳細介紹該學期每週進行的課程主題、預計習得的能力、作業繳交內容及進度、評量標準等。同時介紹個人學涯、職涯的進路發展與目前的工作與生活型態，讓學生了解此門課程是否適合自己的學習和志趣取向。試課週結束後，學生確定該學期之選課，進入固定課堂修習課程。

第三節

培養原創思維、跨域發展的校園文化及課程教學

　　　　這裡沒有邊緣人或怪胎，異議會被重視而非消除，「學學」鼓勵不同的想法，讓我敢於嘗試創新，不怕自己是怪胎。（註一）

　　　　　　　　　　　　　　　　　　　　～109 學年畢業校友 Summer

壹　師生平等相互尊重，平衡個人與團體的友善校園文化

　　「植基於尊重個別差異的教育信念，考量到青少年身心發展特質，以及著眼於培養具有自律自主能力的世界公民，建立信任與歸屬感的友善校

園，建構師生平等而相互關懷尊重的文化」是學學辦學之初確立的理念。傳統或慣行教育常採上對下的集體規訓、管理主義式的校園文化或班級經營方式，並非教師團隊所採行的方式。我們相信，當學生得以呈現真實的自己，而非迎合他人的期待或偽裝自己，是教育的起點。

這個教育的起點，也是創意或原創思維的基礎——允許自由的創造，鼓勵勇於嘗試及實驗的環境。學學正是以這樣的師生互動和校園文化，讓學生可以無所畏懼的呈現真實的自己和表達真實的想法，進而培育出一個個創意的種子。

> 來學學一年半，我覺得自己最大的成長是自信。老師心胸比較開放，很多事情都是可以討論的。不像在以前的學校，要去思考講什麼是對的什麼是錯的，或者是會不會得到不好的評價什麼的。學學的老師、同學的思考是大家對於不同的接受度高，不會覺得怎樣一定是絕對好的或不好的，而是想去理解你。

這是 2022 年 11 月高二 Gwyneth 回應前來參訪的外賓「在學學最大的成長是什麼？」的問題回應。

營造非威權的友善校園，建立凡事都可以溝通的信任文化，學生可直呼導師名字或別名，教師之間、師生之間皆以名相稱，師生或教師之間，無論年齡差距、職務的不同，提倡以對人應有的尊重來相互對待，使學生感受到授課教師或導師是亦師亦友的夥伴，而當有迷惘或困擾須找人商量時，學生會主動找導師或有熟悉感的教師。在學學，常可見師生一對一促膝長談，或學生到教師座位旁聊天、吃飯。在這裡，教師像是學生的創作夥伴、成長路上的好朋友，在這樣具支持性的校園文化中，學生在了解自我、創意發展、承擔學習責任或生涯的探索與思考上並不孤單。

「自由」與「差異」本來就是藝術的本質。提供自由的環境，讓青少年免於恐懼地溝通想法、更認識自我，進而學習自律自主的能力；同時，學習尊重個別差異，欣賞彼此不同的特質，是辦學多年來教師團隊的期許

及共同努力的方向。

重視思辨、聯覺、研究、解決問題歷程的教學方法

　　透過啟發式教學，使高中階段的人文藝術教育走出慣行教育一味強調記憶背誦、繪畫技法操練與考試領導教學的侷限，學學鼓勵沒有標準答案的思辨歷程，重視整合理性與感性的能力。觀察、聯覺、解決問題的「設計思考」，發展創意靈感的「研究方法」是人文及藝術設計「適性探索」課程的教學方法，培養未來投身文化創意產業的種子。

一、著重思辨性的人文素養為基礎底蘊

　　「當科技給我們無限的可能性，『Why』變得更重要。」致力科技藝術創作的物理學博士劉辰岫，曾於學學教授「新媒體科技藝術工作坊」，於課程尾聲對學生分享的深刻而重要結論。藝術，是與人生密切相關的創造性學問，我們重視思辨性的人文思維，這對於任何型態的創作或跨界合作、跨域整合的社會實踐，該是踏出第一步的起點。當建立基本的思辨習慣和人文思維，學生更能體認：為什麼而做的創作思維，永遠是創作者首先要自問的，先有創作的概念，接著才問 How（如何實現）。同時，這也符應藝術、設計領域課程以思考與研究方法作為引導創作的重要歷程。這是我們重視通識基礎教育「人文底蘊」課程的原因。

　　高一必修課程「哲學思辨人文素養」以基本的經典哲學問題入門，讓學生重新省思日常生活的各種概念，用以建立基本的思辨能力。課程範圍包含形上學、知識論、倫理學、心靈哲學、語言哲學的初步思考與理解，透過探討幸福、知識道德、美與藝術、法理和公平正義等專題，提出相關知名的思想實驗進行哲學式的討論。學生對哲學必修課程的回饋如「上哲學課是滿有趣的，因為探討的議題其實都是圍繞在你生活中，但是你卻很少或是不曾注意到，因為覺得理所當然。」「哲學課讓我學到，釐清概念問題之後，我們才能開始問問題與尋找答案。」

　　思辨性的人文素養亦落實於三年必修的「高中國文經典選讀」課程。除了培養學生理解及鑑賞文學的能力，教學上亦重視透過文章所傳達的意涵連結至學生當今生活面臨的社會或世界議題，進行討論與反思的引導。例如教授高一國文古文《禮記》的〈大同與小康〉篇章，教師引導學生以該文延伸思考從個人生活到人類社會的追求，了解聯合國公布之「2030 永續發展目標」（Sustainable Development Goals, SDGs）的十七項核心目標，進而以分組討論並製作數位海報的方式，呈現各組最關注的臺灣或國際議題分別呼應哪一項核心目標，並討論這些議題的成因和可能的改善方法。 （註二）

二、著重覺察和跳脫框架的聯覺啟發

　　聯覺（synesthesia），也譯為共感覺、通感或聯感，是一種具有神經基礎的感知狀態，表示一種感官刺激或認知途徑會自發且非主動地引起另一種感知或認識（聯覺，2023）。藝術設計教育的核心基礎是「美感」體會與感受的經驗，因此學學的藝術、設計課程著重運用啟動五感聯覺的教學方法，使學生重新敏覺眼耳鼻舌身等感官的運作，覺察視覺、聽覺、嗅覺、味覺、觸覺的體會與聯感，可能影響或改變自己對事物的既定感知，可能在機緣遇合中，迸發新的創作靈感，或跳脫慣常的認知模式而有新發現。

　　「飲食文化食藝料理」、「食驗設計探索專修」課程，是能同時啟動多重感官的課程，透過實作讓學生充分嘗試各種類型食材，感受食物料理過程與佳餚成品啟動色、香、味、形的聯覺，進而體認如何善用此種聯覺效應來創作作品、提出更好的設計點子，或發展策展概念（圖 8-2）。

　　除了前述飲食相關的課程，設計與行銷課程或視覺藝術課程中，引導學生觀察、體會與回饋討論聯覺對人的影響，並運用於創作或設計中，亦是常用的教學方法之一。例如如圖 8-3 所示的「複媒藝術創作專修」課程教師發展出「共同創作遊戲──描身畫」這個教學主題的設計：透過相互為同學在地上大面積白紙上描出身型輪廓後，彼此提問、對話與回饋自己

和同學的特質（覺得自己是什麼顏色？熱愛的事物？過去現在與未來），以色彩、線條、圖形、符號等直覺式的圖像和繪畫方式進行共同的創作遊戲。隨著同學間大膽提問、真誠回饋分享，偌大的白紙上層層疊疊、色彩

圖8-2
食驗設計探索專修

註：此三張照片為2021年1月「食驗設計探索專修」期末成果發表即景。學生打造一個百年後人類須移民其他星球，處於太空艙裡的未來餐廳。從進入太空餐廳的賓客用餐服裝設計、供餐儀式流程、餐食烹調、餐廳布置、用餐音樂創作等，全由學生規劃執行，給予受邀的師生未曾有的五感餐飲體驗。

圖 8-3
複媒藝術創作專修

註：此為 2021 年 5 月「複媒藝術創作專修」課程教師謝清安於課堂主題「描身畫團體
　　創作」所拍攝即景。

繽紛了起來。運用「身體」為創作和感受的主要媒介，以遊戲的心態、互
動分享的方式來進行塗鴉共創的繪畫活動，引導學生覺察身體感官能觸發
個人更深層的心理感受。

　　此外，規劃每週的「觀展參訪」活動，以當期大臺北展覽中能呼應
「聯覺啟發」的展覽為優先參訪對象。例如 2020 年底全體師生參觀在
華山文創園區登場的《AUDIO ARCHITECTURE：聲音的建築展》。此
沉浸式的展覽，以一首不斷重複播放的音樂和各異的視覺錄像與光影構
圖，呈現音樂如何被構築成空間，使學生能反思：聲音只能用耳朵感受

嗎？聽覺的感受如何借助於視覺？此展引領學生在音樂、光影、色彩、氣氛交融的「建築」中，以全身五感重新覺察聽覺、視覺和空間的關係。

三、著重專題及作品發展的實作研究歷程及解決問題的過程

　　學學的多元跨域課程皆以「嘗試、實驗與原創」及「觀察、分析與解決問題」爲核心教學方法。課程設計及學習方式的引導上，以協助五感聯覺、觸動偶發靈感的啟發式教學方法，激發學生觀察分析與嘗試實驗的動機和學習熱忱。透過「專題研究」或「專案創作」的實作過程，引導學生整合、反思、調整研究及發展歷程。學生在執行自己選擇研究、發展的專題或創作主題時，每一步都是發現問題與解決問題的反覆循環歷程。創作過程要解決的問題不只有將腦中想法化爲具體作品的構圖、材質、色彩、筆觸、造形等細節，創作期間更包含時間與行爲的分配和規劃、創作理想與現實限制之間的平衡等。

　　例如高一必修的「藝術大師創作基礎」，除了讓學生理解基礎藝術理論，培養對當代藝術的敏銳度，也引導學生從多元管道吸收藝術創作的知識並學以致用，形成創作上的刺激與養分。此門理論與實踐並行的初階藝術創作課程，引導學生「從零到一的研究及創作方法」，以及如何將思考轉化爲實體創作表現形式的能力。在師生一對一討論指導、個人發表和團體評圖的教學活動中，讓學生從實作及師生互動中習得創作發展過程如何進行研究和概念轉化。

　　又如高一必修的「臺灣文化元素研究」課程，引導學生以歷史、地理、社會學等角度重新認識家鄉，再透過不同研究方式、資料分析與整理形成對生活各面向的剖析，發掘自己對臺灣文化的定義和詮釋。課程運作以帶領學生觀察分析和企劃實作的專案形式，透過做中學發展出個人特色和臺灣文化的認識；或以食衣住行育樂爲取向，引導學生發展的實作專題包含知名零食品牌與臺灣小吃聯名設計、針對各縣市設計屬於該地獨一無二的 T-shirt、重新設計臺灣護照或身分證等。

　　設計是一種應用的藝術，兼具兩種觀念：一是創意的表現，二是蘊含

智慧的用途（Conran & Bayley, 2009）。蘊含智慧的用途是指一項設計具蘊含智慧的解決方案，解決所發現的問題，找出最適合的方案。設計不侷限於製作產品，優化流程或是整合各種資源來提升溝通效能亦屬設計。前述不論是創作基礎課程或文化元素的設計實作，我們著重引導學生動手做之前的重要歷程——「思考」與「研究」。思考創作想表達的概念如何收斂、層次遞進或形成翻轉；思考所發現的問題，分析並定義問題的現況、可能的成因。研究欲透過創作表達的概念，曾有哪些形式的創作手法及其引發的感受，其創作中著重哪些元素與其手法和媒材的關聯性如何。研究欲透過設計解決的問題的可能方案，初步模擬此方案的執行或製作流程。而進入動手做的階段，鼓勵學生基於初步分析及研究的結果，於創作時大膽嘗試的新的媒材或技術，若效果不如預期，再進一步研究其可能因素並嘗試改變方法。而當設計進入方案的執行，課程進行中會引導學生以原型（prototype）設計進行情境模擬的實驗或測試，再由觀察測試結果及師生回饋，思考如何調整原型或是否須重新定義問題並發想新的解決方案。

　　例如以下是 108 學年畢業的一位校友，於高三時和師長分享自己從生活中發現問題並思考運用設計來解決問題的想法。

　　　　升高三的暑假期間到醫院探病的經驗，讓我思考自己學設計的意義。在病房外走道看見一位老奶奶步履維艱、氣喘吁吁像似迷路般地找尋著，於是我上前詢問她是否需要幫忙？原來她是在一樓西區看完骨科門診，接著上三樓看耳鼻喉科門診，因為三樓西區是病房，東區才是門診區，老奶奶可能在一樓沒有看清楚標示上錯電梯，加上腳痛行動不便，找不到診間而慌張了起來，我便協助她順利找到診間就診。當時心想，醫院如果在地面鋪設耐磨材質、不同顏色的標線逐步指引，若又能設計出美麗的圖示搭配暖色調的色彩，不僅可增加環境的生氣，也對病人就醫導引會更加貼心。這讓我思考透過設計可讓環境

有好的動線，可以增加流暢性，使等待的病人不會煩悶、心慌，所以我覺得學習設計是非常有意義的！

我們以實作專題帶領學生熟悉探究式的學習方法，引導學生經歷思考、研究與執行的創作或設計歷程。每個創作或設計專題可能涉及社會、自然、數學等多重學科的知能，我們不會去區分專題屬於什麼學科領域的知識或技能，而是透過觀察學生研究專題的發展過程及最後交出的作品或報告，給予學習態度和方法上的回饋，同時根據學生如何回應這個專題的歷程，了解學生的思考脈絡、學習風格、基礎知能等，作為教師團隊引導學生走向適合自己發展領域所累積的重要觀察資料。

 鼓勵合作共好的課程制度、連結跨域跨界的學習資源

　　高中兩年多來的探索與學習，不論是文字、設計、表演或影像創作，我發現透過結合跨域專長的創造力，對他人或社會產生影響力是我的熱情所在！〈註三〉

109 學年畢業校友 Vivian

一、獨立又合作 ── 策展成發成為個人特質連結課程、同儕及師生的合作課程

每個學期末，讓學學的高中生們審慎以待的大事是「成果發表展與開幕式展演活動」，此為「期末策展成果發表」必修課程最重要的環節，全然由學生負責統籌、策劃與執行。成發「策展」過程中，每位學生首先須有各自展出作品的規劃，再與學生策展團隊密切討論。策展團隊學習透過繁複的溝通，安排每位同學的展位與陳列方式，規劃作品簡介文字、統一輸出品的形式、網路宣傳的方法等，以及須學習解決許多專業的展覽都可能遇到的問題：開展在即，現地創作的作品進度延宕、布展現場突發狀況

等。成發策展團隊的學生幹部團隊須經主動報名與徵選的機制。由策展支援教師甄選出學生幹部成為學生策展團隊，從學期中組成後即開始定期於午間會議討論，一步步進行展演前的規劃與協作。於此，教師們退為經驗傳承者和支援者角色，定期列席學生會議、提點團隊策展進度和突發狀況的因應。

　　成果發表展是一次次問題解決與團隊溝通協作的鍛鍊（圖 8-4）。**策展布展過程，除了解決問題、實務操作、分工合作的學習之外，我們更引導學生 —— 個人特質、自我實現與聯展協調、團隊合作兩向度平衡兼容。**追求展現個人特色之時，也須顧及整體展覽的呈現而同意調整自己作品的展位及布置方式。相互認同欣賞與團隊協作的學習，是我們的教育理念，是成為跨域創新人才不可或缺的素養。

圖 8-4
成果發表展布展

註：此兩張照片為 111 學年第一學期期末（2023 年 1 月）成果發表展布展過程即景。

二、多元且連結 —— 提供即時性及常態性的跨域跨界學習資源

　　「觀展參訪講座活動」為高一、二必修課程，我們規劃於每週五下午參觀當期重要展覽或親炙大師風采，讓學生親身體驗最新、最前瞻的藝術

設計脈動，隨時更新自己的思維資料庫，轉化爲創作能量。近年展覽形式及主題多元，愈多結合視覺藝術、空間設計、影像音樂或表演等不同領域、不同專業別的展覽，這些是最好的跨域跨界學習資源，拓展學生於藝術和文化上的視野。當爭取到國外知名藝術大學教授、國內外藝術家到訪，或巡迴校園影展、音樂交流活動等，便規劃大師分享交流講座或工作坊短期課程。每學期至少參觀過十二場多元主題、跨界展覽。學生除了有常態課程的業師資源，每學期數場講座也都能與業界人士互動，加上累積多元且大量的觀展經驗，觀賞凝鍊主題、詮釋概念的策展思維及其藝術創作、設計發表，不僅眞實體驗人文藝術設計最新的時代脈動，更能連結課程所學，激勵自我思維和創意（圖 8-5）。

圖 8-5
時裝週彩排工作現場

註：上方兩張照片爲 2021 年 10 月臺北時裝週 Jamie Wei Huang 品牌的彩排工作現場，左邊照片中的學生是當時於此現場實習的本機構高中學生。本機構於 110 學年第一學期邀請服裝設計師 Jamie Wei Huang 開設結合當年度臺北時裝週的「國際時裝週與設計工作坊」課程，並讓學生實際於時裝週後臺實習。

常態性的跨域跨界學習落實於多元適性的課程中。以思辨研究、專題實作爲創意培養基礎的教學方式，使課程所學具可連結性。各領域課程從初階到進階，多具有專題專案學習的精神，以探究及解決問題方法的教學引導，學生自然能連結到其他知識或學習領域。加上，各門人文與藝術

設計課程，會先引導學生從該學習領域爲何會出現在人類文明中，從「本質」的思考和探索出發，進而發現藝術、人文甚至科學領域本質上的關聯性。當我們以思考和探究方法帶領學生，多數課程不限制探究或創作主題，有助發展出跨界跨域的學習。學生多能在藝術、設計、影視、表演、音樂、哲學、人文等多元領域中，透過教師的鼓勵及引導的個人專題或創作主題，將不同課程所學整合爲具個人特色的實作。例如「平面設計專修」課程，探討生活中值得改善的視覺設計，學生提出新的設計專案包含「改善公車站牌資訊提供不清楚與不便的問題」、「改善罐頭產品的包裝質感並達到清楚標示內容的包裝設計」等。

　　除了透過課程「專題研究」或「專案創作」促進跨域跨界的思維與執行模式，每學期邀請跨界職人以講座或工作坊形式分享其跨域思維與實際發展跨界合作的案例及心法，以期發揮「楷模學習」的效應。例如 111 學年第二學期初邀請長期於學學教授「複合媒材繪畫技法」的李承道教師，分享除了創作和賣畫，「非典型畫家生涯」如何跨界發展，使其專業能延伸跨足時裝、劇場、拍攝 MV、城市景觀創作等。鼓勵學生避免本位主義心態，不只是活在自己的世界，而是學習如何合作。別害怕跨界，跨界會產出「新的合作文化」，因而「創造出新的審美、新的技術或方法」，是對社會很有價值的事。

第四節

結 語

　　學學爲臺灣當前唯一針對高中生提供藝術設計、影視音樂、表演傳播、人文思辨、美感品味等多元跨域課程，讓學生適性探索的實驗教育機構。敞開雙臂歡迎喜好人文藝術設計的學生，入學條件不似傳統美術教育強調技法爲先決，而是重視學生對於自己在人文藝術設計領域的興趣及未來發展的想像及期許。多年來，學學教育團隊著重於引導學生發展研究方

法，進行問題的觀察與思辨、創意的嘗試與試驗，同時學生受教於各類文創產業的業師，進一步了解各文創產業的實際工作與生活型態，使其能充分的嘗試與了解，在高中畢業後適性選擇未來方向。歷屆畢業生並不侷限於視覺藝術創作相關科系，大學科系選擇電影、戲劇、傳播、時尚、產品設計、商業管理、行銷廣告乃至於外語、文學系，或跨域不分系學程等大有人在。學學真正落實培養人文藝術或文化創意產業所需的廣泛而跨域人才的辦學理念。

辦學上，多年來每學期持續在課程規劃上基於對學生學習的慣性或侷限的密切觀察，彈性調整課程教學方式或擴增內涵，以期幫助學生適性發展，同時符合未來社會之需。例如面對在網路虛擬世界成長、慣於使用數位工具來拓展見聞、認識世界的新世代青少年，學學多方安排常態課程外的密集短期工作坊課程，引導學生更能從真實生活經驗中發展出觀點和原創性。再者，希望激發學生具備身為未來的設計師、藝術家或文創產業工作者的使命感，課程教學的引導除了著重原創性的思維，同時更建立學生宏觀的環境永續及綠色經濟的概念。

學學是僅有高中階段的實驗教育。短暫的高中三年期間，除了以幫助學生生涯探索、適性發展並朝向自我實現為辦學目標外，對學學的教育團隊而言，攸關青少年適性探索及發展自我潛能的青春期的親子溝通、人際友誼、情感關係等輔導亦是我們重視的教育層面。因此，在課程教學外，也時常進行個別輔導及多方對話討論，例如師生個別的談話、教師引導同學之間的討論、教師之間的交流對話、親師之間一對一溝通等。這一切頻繁的溝通對話，最終會對學生帶來影響或轉變，更需要時間去醞釀。正如所有的教育過程、每個個體的成長過程，都需要時間，也亟需成人的耐心。

註　釋

註一：109 學年畢業校友 Summer，高三時獲得臺北藝術大學入學面試的機會，面試時被問到：「在『學學』最大的收穫是什麼？」此段話，是他面試後和教師分享當時他的回答。

註二：此為全職國文教師康家宜於 111 學年第二學期於高一班級「高中國文經典選讀」課程中的課程設計。

註三：此為校友 Vivian 當年剛升高三時，準備大學特殊選才甄試備審資料的自傳文字節錄。

第 9 章

金色童年、大進為伴

諶志銘

Da Jin Primary School

　　本章主旨在於分享一所公立偏遠小學轉型成為公辦公營實驗學校的歷程。一位有著十幾年資歷的校長，不管在發展學校特色、遊學課程及戶外教學體驗都有實作經驗，也在前兩所任職學校獲得相當不錯的成效。2018 年 8 月在因緣際會的情形下接任宜蘭縣大進實驗小學，這是一所公辦公營的實驗學校，校長對於實驗教育雖略知一二，但從未有過實驗教育的操作經驗，從學校轉型實驗教育的第三年開始接手，仍屬轉型初期，尚有許多的問題及困難需要克服與解決。校長如何運用策略及契機，帶領全校同仁從轉型初期的特色教學開始，逐步引導從訂定願景、擬定策略、教師增能、研發課程及教材，讓大進實驗小學蛻變成為一所真正合乎實驗教育精神的實驗教育學校，並以童軍教育的推動為翻轉契機，成功打造出「金色童年、大進為伴」的學校品牌。大進國小從申辦實驗學校開始，這一路走來的歷程，亦可提供國內有意辦理實驗教育學校之參考。

宜蘭縣辦理實驗教育的沿革

　　宜蘭縣長久以來在實驗教育領域一直都是全國的領頭羊，從 1999 年 6 月《教育基本法》公布後，在蘭陽地區眾多關懷教育議題同伴的催促以及宜蘭縣教育審議委員會支持下，宜蘭縣政府教育處依《教育基本法》第 7 條及《國民教育法》第 4 條規定，突破萬難於 2000 年 1 月 9 日頒布《宜蘭縣所屬國民小學委託私人辦理自治條例》，並在自治條例發布兩年後，於 2002 年 4 月正式在宜蘭縣獨自「公辦民營概念」下，以政府委辦學校的模式展開公辦民營的教育實驗。當年 8 月底，先後有頭城鎮的「人文國小」及冬山鄉的「慈心華德福小學」與縣府簽訂六年的契約，創全國之先展開小學階段的實驗教育。

　　接著，2014 年底，三部實驗教育條例立法通過，開啟了實驗教育走向體制的新局，讓學子們在教育上有了更多樣的選擇。宜蘭縣政府教育處更是積極的推動偏鄉小校發展學校重點及特色，並逐步轉型辦理實驗教育學校，由「縣府主動」而「學校被動」、先「特色發展」後「實驗教育」的推動原則，協助學校盤點社區及學校等軟硬體資源，規劃未來學校特有的運作及發展模式，再經由訂定願景、擬定策略、教師增能、研發課程及教材，輔導學校轉型為公辦公營的實驗教育學校（表 9-1）。

表9-1
大進國小轉型實驗教育年度表

學年度	方案名稱	備註
103-104	宜蘭縣鼓勵所屬學校發展學校重點中長程計畫——山野童軍學園	
105	「生活探索」實驗教育計畫（六年計畫）	諶校長於 107-110 年主持
111	主題探索小學——孩子的成長樂園實驗教育計畫（六年計畫）	已於 111 年核定通過並於 111 年 8 月開始執行

承繼上述發展步調，大進國小在 2016（民國 105）年 8 月，正式以童軍教育作爲特別教育理念，由正規公立國小轉型成爲實驗國民小學。

大進國小的實驗教育辦理歷程

大進實驗小學在開辦之初，面臨學生數激增、家長結構的改變、教師在實驗教育的增能、教師課程討論及備課時間增加等重大的衝擊。

 先天不足的轉型初期

在經歷「先特色、後實驗」的階段以及校務會議說明表決通過的程序下，大進國小於 105 年 8 月正式申辦爲公辦公營的實驗教育學校。當時的學校教師有鑒於學生數年年減少，因此有危機意識，並不排斥學校轉型，加上當時的校長具有童軍專長，爲了安撫教師讓學校轉型案能在校務會議順利通過，明示或暗示教師們不需要擔心，各班導師及科任教師只要好好經營班級、認眞教好主要學科即可，實驗教育由校長負責。

大家對實驗教育似懂非懂、誤將特色課程當成實驗教育課程，再加上校長爲了體恤教師，第一期實驗教育計畫（六年）幾乎由他一手包辦撰寫。童軍教育也由校長規劃及教學，其他實驗教育課程（獨木舟課程、生態課程、探索教育、山野教育等）均採外加式課程，且均由外聘講師及教練來授課。嚴格來說，這些課程充其量只能算是「特色課程」，並不是實驗教育課程，但是在縣府教育處「先求有、再求好」的考量下，大進國小第一期實驗教育計畫獲得通過。

在教師結構未換血，加上對實驗教育的理念及經驗均不足，想要改變教師習以爲常的教學模式並非易事。再則，學校掛上實驗學校的頭銜後，立刻吸引具教育理念及理想性的家長跨區就讀，造成學生素質、家長

組成大幅改變。原本學區內的家長大部分務農及經商，轉型後高社經地位家長大幅增加，造成校園生態的改變，也帶給大進國小行政及教師團隊極大的壓力。轉型初期，大進國小面對的內、外在情境，有以下數項：

一、教師結構未換血

　　本縣岳明國小在由正規公立小學申辦成為委託私人辦理（公辦民營）學校時，縣府教育處曾為此辦理教師專案調動，讓不願意從事實驗教育的教師調往他校，招考進來的新進教師都是具有實驗教育理念及經驗的教師。如此一來，學校所有教師都有實驗教育的實作經驗，讓實驗教育的課程設計、教案撰寫及創新教學得以順利進行。然而，大進國小辦理實驗教育之初，縣府教育處並無考慮辦理教師專案調動，因此埋下後續推動實驗教育須克服種種困難的伏筆。

二、學生素質及組成大幅改變

　　在尚未轉型為實驗學校之前，大進為總班級數六班的小型學校，每班人數多則 8-10 人、少則 5-7 人，全校不足 50 人，學生可享受充分的教學資源，教師也有充足的能力，不管在課業指導上或是品格陶冶上都能全面照顧到學生。當學校轉型為實驗教育學校後，因學校改採大學區制，學生只要設籍於宜蘭縣者，都可以到大進國小就讀。因此，學校學生數逐年增加，由全校不到 50 人暴增至 108 學年最多的 98 人，每班學生數從個位數增加至 16-17 位，班級導師頗有怨言，又加上學生來自各地，素質參差不齊，有特殊需求的學生不在少數，也使原本對於每位學生的指導與照顧游刃有餘的教師變得分身乏術，造成教師極大的負擔與壓力。

三、高社經地位家長大幅增加

　　隨著實驗教育的辦理，到大進國小就學的學生來自四面八方，因此在家長組成上，高社經地位的家長比例也大幅增加。他們對於實驗教育的期待高，也使得學校既有文化逐漸發生變化。高社經地位家長的特徵，主要有三點：

(一) 對學校期望高

高社經地位家長對學校期望及要求非常高，不僅導師的壓力大，主任等行政人員也需要處理親師間的關係，校長更是背負所有成敗的壓力。

(二) 教育理想性高

家長教育理想性過高，使得學校必須不斷思考家長理想如何能在現實中落實。有些強勢的家長甚至會對教師下指導棋，要求教師改變教學方法……處處考驗全校同仁的智慧。

(三) 流動性也高

家長通常一批一批的慕名而來，但一旦與教師的理念相左，也會整批的轉走。大進開辦實驗教育之初吸引了大批在慈心華德福實驗學校適應不佳的孩子，家長間都是熟識的朋友，比如都在同一個教會，或在同一個工作領域（例如醫界），當教師的教育理念不符合家長期待時，就有一批學生轉走。

因此，大進實驗小學在開辦之初面臨學生數激增、家長結構的改變、教師在實驗教育的增能、教師課程討論及備課時間增加等重大衝擊，後續還有漫漫長路尚須披荊斬棘，才能辦好具有大進特色且合乎實驗教育精神的實驗學校。

筆路藍縷的發展規劃

民國 107 年 8 月前任校長轉任他校，由宜蘭市育才國小諶校長接任大進國小，諶校長先前於憲明國小及育才國小在遊學課程及特色課程的推動與操作經驗相當嫻熟，對實驗教育雖略知一二，但並沒有實際操作經驗。大進國小第一期實驗教育六年計畫，在前任校長任內執行了兩年後，後四年交由新任的諶校長繼續執行。諶校長到任後，很快就察覺到學校的實驗教育並不符合實驗教育精神，真正的實驗教育除了將健體、藝術、綜合活動領域及彈性課程的節數，用來規劃實驗教育的主題課程

外，實施上也必須由全校教師針對各主題，透過分組分工設計出課程內容及撰寫教案，然後實際教學，再對教學成效做滾動式修正，這才是眞正的實驗教育。然而，當時運作的狀況是班級導師只負責國語、數學主科的教學及班級經營，科任教師則負責社會、自然、健體及藝術領域教學，具有學校特色的實驗教育課程，例如獨木舟課程、生態課程、探索教育、山野教育等均採外加式課程且由外聘講師及教練授課，並非由全校教師規劃設計及參與。嚴格來說，這樣的課程只能算是特色課程，並不是實驗教育課程。

　　因此，諶校長到任後針對實驗教育的現況不斷進行修正，並接受第一階段前三年實驗教育評鑑。原本鐵板一塊、難以撼動的現狀，在實驗教育中心撥補童軍專長的臨時人力後找到翻轉的契機。

一、不斷檢視及滾動式修正

　　諶校長到任後，隨即檢視目前實驗教育運作狀況，發現學校課程不分一年級到六年級，均爲全日制課程。其中，週三下午學生社團活動也納入實驗教育並以公費支出。對於免費的資源，孩子常常會不懂得珍惜，有些孩子對於原本排定的直排輪或其他社團，常常以身體不舒服或忘了帶裝備，藉故不出席課堂。而週三下午原本就是教師研習時間，正處於研習課程中的教師實在難以在同時間掌握孩子在社團活動中的出席狀況。因此，諶校長將週三下午的時段從實驗教育課程中排除，改由各項社團供學生以自費方式選擇，也讓家長自由選擇參加或自行安排學生活動。此一安排雖然造成某些家長的抱怨，但將實驗教育經費用在學生最需要的地方，才能將實驗教育效能發揮到極致。其他諸如：童軍課程、獨木舟課程的修正，說明如下：

㈠ 獨木舟課程的修正

　　獨木舟探索體驗課程，學校不斷的進行滾動式的修正，從原本僅在游泳池進行一次水上自救訓練後，即讓學生前往冬山河生態綠舟實地操舟，已經修正爲從游泳池到冬山河再前進到豆腐岬海灣，從池到河再到海，階段式的深化，讓孩子的學習體驗更安全、更有挑戰性。

(二) 童軍課程的修正

原本每個月進行一次全校童軍團集會，考量一至六年級混齡教學程度差異太大，課程實施不易且學習成效有限，因此從 109 學年開始交由專業童軍教師協同導師設計課程，並於每月分為低、中、高年段分別進行。如此依照學生的程度設計出初級、中級及高級的進程與技能。童軍課程在修正為每月總共三次後，無論在深度或廣度都有相當程度的擴充及延伸。

(三) 每週上課時數的調整

107 學年度每學年每週上課時數為 35 節課，其中週三下午內含三節社團課，經實施四年後發現每週五天七節緊湊的課程，雖然豐富了學生學習，但壓縮了教師進修和備課的時間。另外，部分學生也會利用週三下午時段進行其他藝能課程的學習，在考量經費運用效益與提供教師進修時段等因素下，經過校務會議開會通過後於 108 學年度將每週上課節數調整為 32 節，週三下午的社團課程改為自費選修，同時辦理校內進修活動及鼓勵教師參與校外研習提升專業知能。

二、接受第一期程實驗教育評鑑（前三年）

諶校長到任不到三個月，即必須接受第一期實驗教育前三年的評鑑。雖然倉促，但前任校長累積兩年的成果，再加上近三個月來的努力，評鑑委員給予大進國小的總評是十分正向的。評鑑委員提出的建議如下：「大進國小在評鑑四項次未加權計分前，除核心價值表現外，其他三項次皆呈均衡發展，宜鼓勵該校持續保持。但在理念目標上還須努力著墨，找出結合童軍教育、優質課程教學之實驗教育理念。校長初到該校半年隨即盤整資源、審視實驗計畫實施情形，提出修正計畫，並扣住十二年國教課綱領導團隊穩健前行。」其中理念目標部分，評鑑委員也注意到實驗教育課程有賴全校教師的協作，讓大進的實驗教育課程更加精緻、更符合實驗教育精神。

三、鐵板一塊、難以撼動

2019 年 1 月通過第一期實驗教育評鑑後，校長即積極的想要改變實驗教育課程：舉凡童軍課程、山野教育、生態教育及家政課程等，改變先前外包的方式，由全校教師盤點現有課程加以分類為三或四個主題，每個主題再加以延伸出幾個次要子題，進行課程發展並撰寫教案。校長在跟教導主任討論過後，以一個主題小部分試行，讓教師壓力也不會太大。於是，校長在教師晨會跟教師們報告小部分試行實驗教育主題課程的構想，報告完畢後問全體教師有沒有任何問題……，台下一片寂靜，沒有教師表達任何意見，於是校長就裁示「那我們就一起努力吧！」沒想到會議一結束，所有的教師一起走進校長室，不斷的訴苦及抱怨：「校長，我們忙到連下課上廁所的時間都沒有」、「校長，不要再搞那些有的沒有的……」、「校長，我們真的很累了」、「校長……」，於是校長對著所有教師說：「你們真的連試都不讓我試看看嗎？」坦白說校長從來不喜歡給教師壓力，教師心情愉快才能帶出快樂的學生。但校長又朝另一個角度想，大進的教師在主科教學非常的扎實，在班級經營及親師溝通部分也做得盡善盡美，這樣校長又夫復何求呢？

畢竟全校年功俸碰頂的教師超過半數，想要讓他們做出改變並非易事，之後校長找了時機點又試了兩次，仍然鐵板一塊、難以撼動。這種需要全校協力的主題式實驗教育的發展絕對不能橫柴入灶，否則第一個陣亡的一定是校長。

四、在童軍課程找到出路

108 學年度實驗教育中心為大進國小爭取到一位具有童軍專長的臨時人力，這對校長而言彷彿看到一道曙光。若以童軍教師跟低、中、高年級導師協同，發展出三個不同年段的童軍教育課程，這樣至少也算是踏出發展主題式教學的第一步了。果然，有童軍專業教師的引導，教師們不再排斥發展主題式教學，大進費了將近一個學年的時間，終於將有關童軍教育的主題課程發展出雛形。

五、重大車禍讓一切停頓

　　諶校長跟全校教師經過一年半的磨合，找到契機正想要大顯身手的時候，於 109 年 2 月 27 日下午開完實驗教育第一屆博覽會籌備會議後，在返回學校途中發生嚴重車禍。對方在完全沒有煞車的情況下高速撞擊校長汽車右後輪，造成校長的新車側翻兩圈後卡在排水溝上，車子在側翻第一圈的同時駕駛座門窗破裂，側翻第二圈時校長的左前臂被甩出車窗外，被自己的車身輾斷造成左前臂幾乎斷肢，只連著手腕上旳一塊肉。

　　就這樣校長在臺北榮總躺了兩個月，請了將近一個學期的公傷假，8 月 1 日正式回學校上班，但漫長的復健醫療仍在進行當中，開學後復健只能在下班後進行，由於車禍的陰影仍在，左手尚無任何功能，只好由老爸爸接送上下班。由於老人家開車慢，上班包含送孩子上學再到學校已經將近早上八點，下班到陽大附醫新民院區進行復健時，已經超過下午四點四十分了，而醫院復健部門五點半就下班了，復健師很認真的跟校長建議，這麼短時間的復健會沒有效果的，至少要一個小時的時間，才會有復健的效果。因此校長每天提前 20 分鐘下班，這時候學校就傳出雜音：「校長是最慢到校卻是最早離校的，怎麼跟前任校長剛好相反。」說真的，校長聽到耳語雖然不舒服，但這些耳語說的是事實，可是這是校長願意這樣的嗎？做人要有些同理心，不是嗎？再加上長達 7 個多月的復健過程中，身心都尚不足以處理繁雜的校務，因此教師及家長開始對校長有些抱怨及不滿。

 續種福田

一、續辦第二期實驗教育計畫

　　在 110 學年度上學期結束前，學校通過了實驗教育第一階段後三年的評鑑，這次評鑑最讓校長印象深刻及感動的是綜合座談評鑑委員的回饋，尤其是評鑑委員對學生的訪談部分。委員問學生：你們會不會後悔當初沒有就近讀家裡附近的學校，而要犧牲睡眠的時間早起，不遠千里的跨

區到大進國小就讀？學生回答：不會啊。委員又問：為什麼？學生回答：因為我覺得在大進讀書很幸福。光聽到學生回答「很幸福」，校長認為大進的教職同仁們辦學所有的付出與辛勞，一切都有甜美的回報了。

校長深知大進國小唯有續辦第二期實驗教育才有永續經營的可能，若不續辦實驗教育，不出兩年學校將會回到六、七年前的窘境。因此，校長在校務會議續辦說明，分析得十分仔細，包括續辦的優點：將會維持目前所有的資源，包含：每學年 70 萬的實驗教育經費、兩位實驗教育支援人力、維持大學區制入學免遷戶口等實驗教育學校應有的優勢與資源。最後，所有教師進行投票，結果 14 票贊成、1 票反對，大進國小正式進入第二期實驗教育的規劃階段。

二、全校齊心協力

實驗教育中心林主任提醒校長，第二期實驗教育計畫不能再像第一期計畫一樣，不但質要提升、課程也必須再深化，也要真正符合實驗教育精神，尤其要全校教師共同進行討論，分類出學校的主題課程，共同協作進行課程設計並撰寫教案，否則第二期實驗教育計畫鐵定無法過關的。

但林主任刀子口豆腐心，不但幫大進找了三位專家學者的陪同，總共經歷十次的共同協作，除了盤整學校曾經執行過的課程，去蕪存菁後加以分類，共分類為四大主題：金色童年、移動教室、生活達人、國際通識，四大主題再延伸出四個次要子題，藉此延伸出課程的內涵，將教師分組進行各主題的教學設計及撰寫教案。雖然教師團隊花費很多時間，但大進國小藉由實驗教育的持續推動，讓學校教學精緻化，不但提升了品質，也使課程更為豐富。

三、校長通過續任遴選

在提第二期實驗教育計畫之前，實驗教育中心林主任再三跟諶校長提醒：一旦提送第二期實驗教育計畫後，就不能轉任他校，必須續任執行自己所提的實驗教育計畫以示負責，諶校長毫不考慮的選擇提送計畫並表達續任意願。

在校長遴選過程中，先前某家長因為孩子管教的問題而在親師間有些矛盾，因此要求校長必須更換導師，甚至強勢到指名道姓地要求由哪位教師來接他孩子的班。然而學校有行政程序與規定，當然無法答應家長的要求，因此家長把怒氣轉移到校長身上。就在遴選前夕，家長密集的向教育處投訴，更在遴選前三天要求召開家長臨時大會重新選舉家長遴選代表，企圖影響遴選結果。最後，被學校以期初家長會已由各委員做出決議，不宜再變更為由，否決召開臨時會的要求。校長續任遴選當日，遴選委員會以實驗教育評鑑結果、校長辦學績效評鑑分數及續任遴選相關繳交文件的內容，在沒有動用到表決的情況下，11 名遴選委員全體無異議通過諶校長續任。

第三節
大進國小的實驗教育課程規劃與推動

大進所有同仁無私的付出與努力，為的就是讓大進的孩子們有更優良的學習環境與品質。因此，大進教學團隊更加努力不懈，繼續申請第二階段六年實驗教育計畫，持續進行實驗教育課程的深化，讓大進的孩子擁有更深層的學習內涵，以回應家長及社區的期待。

壹　實驗教育名稱

大進的第二階段實驗教育名稱訂為「Project Adventure School 主題探索小學：孩子的成長樂園（Project Adventure School, A growth paradise for kids）」，其架構如圖 9-1 所示。以下說明大進的學校願景、教育理念與學生圖像。

圖 9-1
大進的實驗教育架構

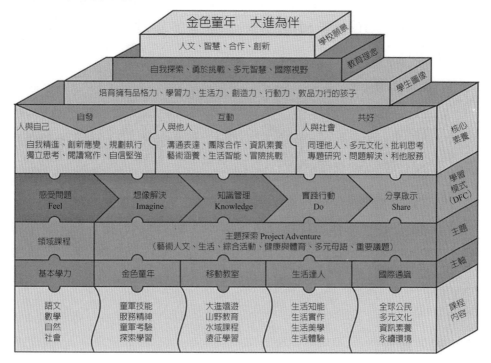

一、學校願景

　　大進的學校願景，訂為「金色童年、大進為伴」：打造一所讓生命充滿光彩的探索學園。

二、教育理念

(一) 自我探索

　　幫助每位孩子認識自己、探索自己、接納自己，找到自己的興趣、熱情與夢想，了解自己的天賦和人生方向，願意付出努力，為自己的存在創造價值、自我實現。

(二) 勇於挑戰

透過山野教育、戶外探索，培養學生面對改變、挑戰與困境的勇氣，培養創新應變、冒險挑戰、問題解決、自信堅強的人格，來適應快速變遷的世界不可預知的未來。

(三) 多元智能

重視孩子的多元智慧發展，發掘每個孩子的優勢智慧，除了落實各科教學，穩固基礎學習外，也融入童軍課程、戶外探索、生活課程及國際通識，並規劃了豐富的社團活動。

(四) 國際視野

「國際通識」主題課程包含讓孩子具備雙語能力、得以開拓國際視野、尊重多元文化、關心國際永續環境議題等等，為了讓學校相關主題課程的學習（童軍教育、戶外探索課程、生活素養課程）得以延伸，與國際接軌。

三、學生圖像

大進以培養具有品格力、學習力、生活力、創造力、行動力這五種核心能力之敦品力行的孩子作為學校的教育目標（如圖 9-2 所示），其內涵有五項：

(一) 品格力：培養自信堅強、團隊合作、同理他人的能力。

(二) 學習力：培養自我精進、閱讀寫作、藝術涵養、資訊素養的能力。

(三) 生活力：培養獨立思考、生活知能、多元文化、問題解決的能力。

(四) 創造力：培養創新應變、冒險挑戰、批判思考、專題研究的能力。

(五) 行動力：培養規劃執行、溝通表達、利他服務的能力。

圖9-2
大進國小實驗教育的學生圖像

培養自我精進、閱讀寫作、藝術涵養、資訊素養的能力。

培養自信堅強、團隊合作、同理他人的能力。

培養獨立思考、生活知能、多元文化、問題解決的能力。

品格力

學習力

生活力

創造力

行動力

培養創新應變、冒險挑戰、批判思考、專題研究的能力。

培養規劃執行、溝通表達、利他服務的能力。

貳 計畫特色

一、善用地方資源、研發主題課程

學校所在的大進村位於蘭陽平原的西南邊陲羅東溪上游，南、北、西三面均被山丘圍繞，屬封閉型的山谷，可謂世外桃源。社區居民利用地形優勢經營果園與茶園，種類繁多。按季節區分春夏有甜桃、李子、蓮霧、高接梨，秋冬則有火龍果、柳丁、綠竹筍等。位於學校附近的小埤湖是現今僅存少數未被汙染的湖泊，其優美的景觀與生態環境，是本校極為重要的生態教育場域。結合大進社區豐富的自然生態、鄉土人文及社區產業資源，讓教學跨越教室邊界，處處皆是豐沛學習資源的教學場域，落實「移動教室」的概念。

二、全校童軍活動、落實多元學習

　　大進國小推動全校童軍活動，將童軍課納為正式課程，有別於一般國小階段僅以課外社團方式運作，童軍活動是本校最具指標性的實驗教育課程。

　　課程之執行跳脫一般正規童軍活動模式，以其精神串連校園多項學習活動，將童軍活動視為一教育載體，融入生活教育、探索教育、山野教育及環境教育，重視群我關係，強調和諧與品格，學習為人服務，同時也利用小隊編組功能，實踐混齡互動優勢，營造校園友善基底，實現友愛、和諧、包容的自在校園。低、中、高年級每月各進行一次三節課的童軍團集會，內容包含童軍制度、榮譽、禮儀、合作、技能、考驗等等，每學期舉辦一次童軍大野炊，考驗學生分工合作及自主烹飪的能力，每年一月上旬辦理全校大露營、四月中旬辦理童軍大縱走，將每月童軍團集會所學習的做一次總結性的考驗與評量，讓全校學生能在做中學，玩中學，遊中學，學自立，學技能，學環保。

三、創意行動教學、教師專業成長

　　本校實驗教育以創意行動挑戰（Design for Change）為教學模式，這是由印度河濱學校創辦人瑟吉（Kiran Bir Sethi）校長首創，在全球超過70個國家在地推廣創新教育理念，並以設計思考為基底的創新教學模式 DFC 四步驟：感受（Feel）、想像（Imagine）、實踐（Do）、分享（Share），讓孩子主動解決問題、活用所學（圖 9-3）。

　　但我們發現孩子在經由感受問題後，並開始想像如何解決時，需要豐富的學識及相關經驗的累積，才有能力提出有效可行的解決策略，因此我們在「感受」、「想像」這二個步驟後增加了「知識」（Knowledge）步驟，透過教師增能，提供學生適當的鷹架及協助，讓創意行動挑戰的學習模式更加完整及順暢。

圖 9-3
創意行動教學

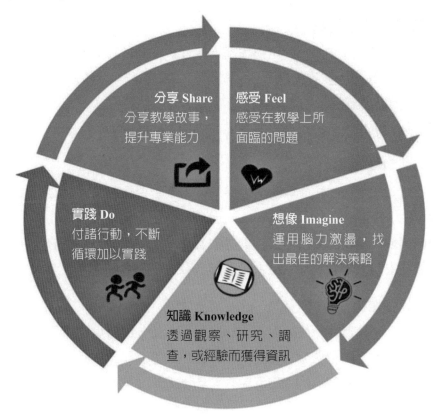

四、凝聚親師共識、推動實驗教育

　　在實驗教育的推動過程中，大進以凝聚親師及社區的共識為首要工作，營造溫馨信任的校園文化，建立友善的對話氛圍和共同備課機制，並利用學校班親會、家長會、校慶運動會等各項社區、家長參與學校活動的時間公開說明學校推動實驗教育的目的和內容，廣納並蒐集各界意見，於校務會議及課發會中充分討論並通過推動學校轉型成為實驗學校的決議，同時也讓家長參與部分教學活動，諸如：戶外探索課程、畢業旅行規劃等。

課程與教學規劃

一、課程及教學架構

　　大進的實驗方案以十二年國民基本教育新課綱爲基礎，結合學校本位特色發展規劃，將整體課程分屬「領域學習課程」與「實驗教育學習課程」（主題探索課程）二大區塊。參考課綱對學習時數之規定，大進將三個學習階段的學生皆規劃爲每週 32 節。二大區塊課程的主題如下：

(一) 領域學習課程

　　爲培養學生基本知能與均衡發展的「領域學習課程」，包含跨領域統整性主題／專題／議題探究課程。學習範疇保留語文、數學、社會、自然科學四領域，藝術、綜合活動、健康與體育、彈性學習、科技領域等整合爲跨領域主題式學習課程，結合議題形式融入教學。

(二) 主題探索課程

　　爲提升學校辦學的成效與深化學生學習內涵，提出以「探索教育」爲特殊教育理念，結合「金色童年」、「移動教室」、「生活達人」與「國際通識」四大課程架構的六年實驗教育計畫，其詳細如表 9-2 所示。

表 9-2
主題課程內涵

金色童年	童軍技能：繩結旗號、露營技巧、基本急救、定向追蹤	
	童軍精神：童軍禮節、品格榮譽、團隊合作、規劃執行	
	童軍考驗：探索闖關、全校大野炊、全校大露營、童軍大縱走	
	童軍服務：社區導覽、社區行銷、義賣募款、弱勢關懷	
移動教室	大進嬉遊：觀光產業、歷史人文、地方廟宇、能源生技	
	山野教育：步道尋訪、溪流探索、埤湖生態、野外求生	
	水域課程：水上自救、操舟立槳、海上浮潛、趴浪體驗	
	遠征學習：單車走讀、百岳試腳、畢業旅行、海上長征	

生活達人	生活知能：經典閱讀、科學探索、創意發明、社會議題
	生活實作：烘焙烹飪、木工製作、雷射雕刻、家事達人
	生活美學：表演藝術、音樂演奏、視覺藝術、媒體素養
	生活體驗：餐桌禮儀、職涯探索、背包客分享、飢餓三十
國際通識	國際視野：西洋節慶、國際脈動、國際交流、多元文化
	外語能力：雙語教學、英語閱讀、情境會話、英語寫作
	資訊素養：數位學習、媒體運用、程式動畫、專題製作
	永續環境：能源教育、氣候變遷、生態保育、溫室效應

二、主題探索課程的內涵

大進的主題探索課程，包含「金色童年」、「移動教室」、「生活達人」與「國際通識」四大架構。以下依序說明之：

㈠「金色童年」課程

規劃全校童軍活動為策略，深化生活與教育的連結，重視兒童群性發展、人我互動及利他服務，融入綜合、生活、健體領域，分為「童軍技能、服務精神、童軍考驗、探索教學」四個子題，課程採低、中、高年級混齡教學（圖 9-4），課程說明詳見表 9-3。

圖9-4
金色童年──童軍技能的培養

表9-3
金色童年主題課程

學習目標	我是快樂童軍	核心精神	1. 真誠：純真向善、信守承諾 2. 榮譽：合宜舉止、磊落節操 3. 合作：分工合作、互助團結 4. 服務：仁善關懷、付諸行動
課程目的	「金色童年」主題課程是全校性的童軍教育，藉由童軍教育以小隊參與、徽章制度、戶外活動、特定儀典、由做而學等方法融合成的獨特制度達成品格培育、技能與知識教導、健康與自我照顧、愛國與助人等教育目的。 童軍教育即生活教育，讓大進的孩子從現實生活中學習如何生活，正如杜威（John Dewey）主張的：「教育即生活」，童軍的教育方式讓孩子藉著學校設計的各項進程考驗、技能考驗與活動參與，在這樣的過程中學習知識、技能、做人的態度等，使孩子能支配及適應現在的生活，並能運用所學幫助他人，從而獲得全面性的發展：健全的心智能力（learning to know），正確的待人處事態度（learning to be）及知識與技巧的學習（learning to do）。		
學習面向	「金色童年」主題課程中，孩子的學習面向包括： 一、童軍精神的建立：品格陶冶、重視個人榮譽、團隊合作、規劃與執行、領導判斷等等。 二、童軍技能的培養：繩結與旗號、露營技巧、植物辨識、星象觀測、基本急救、定向追蹤等等。 三、童軍考驗的挑戰：探索設施闖關、全校大野炊、全校大露營、童軍大縱走等等。 四、童軍服務的落實：社區導覽、社區行銷、義賣募款、弱勢關懷等等。		

（二）「移動教室」課程

結合大進社區豐富的自然生態、鄉土人文及社區產業資源，從「大進村」出發，讓教學跨越教室邊界，探索宜蘭縣山川海洋的奧祕，進而綜覽寶島臺灣大自然之美，處處皆是豐沛學習資源的教學場域，課程以徒步、單車、划船、坐大眾運輸等多樣化方式進行（圖9-5），課程說明詳見表9-4。

表 9-4
移動教室主題課程

學習目標	熱愛山川海洋	核心精神	1. 認同：連結在地、以鄉為榮 2. 勇氣：克服畏懼、敢於冒險 3. 和諧：尊敬自然、共生共存 4. 毅力：堅持到底、永不放棄
課程目的	「移動教室」主題課程包含「在地特色課程」及「戶外探索課程」，讓孩子從學校所在地「大進村」出發，探訪大進社區豐富的自然生態、鄉土人文及社區產業資源，讓教學跨越教室邊界，進而探索宜蘭縣山川海洋的奧祕，以綜覽寶島大自然之美為最終目標，培養孩子對家鄉的認同、對大自然敏銳覺察力、適應環境考驗的體能及與自然和諧共處的智慧。		
學習面向	一、社區永續發展：地方本位教育、社區產業與行銷、培養在地人才等。 二、山野戶外探索：在山野中探索冒險、學習謙卑感恩、團隊合作能力。 三、水域戶外探索：親近水域海洋、培養風險意識、勇氣智慧、敬畏自然。 四、遠征毅力考驗：旅程路線規劃、果敢應變及問題解決、培養堅定毅志、走讀臺灣自然人文之美。		

圖 9-5
移動教室──山野課程與水域探索

註：左側照片為師生遠征嘉羅湖紀實，右側為安農溪泛舟。

(三)「生活達人」課程

　　讓孩子探索並實踐與生活有關的知能、實作、美學和體驗課程，充實生活經驗，展現活力與涵養，提升整體生活素養，散發自信的風采，成就孩子的無限可能（圖 9-6），課程說明詳見表 9-5。

表 **9-5**
生活達人主題課程

學習目標	生活品味大師	核心精神	1. 行動：發現問題、解決問題 2. 自信：肯定自己、超越自己 3. 感恩：心存感激、散發熱情 4. 積極：勇於任事、接受挑戰
課程目的	「生活達人」主題課程，除了將各領域有關生活議題部分加以延伸外，同時導入表演藝術、音樂演奏、視覺藝術、工藝製作、家政烘焙、自然生態、科學探索等生活素養課程，諸如：年度戲劇排演、陶笛演奏、木工 DIY、雷射雕刻、蛋糕烘焙、點心製作等等，並讓學生動手玩科學，透過簡單的科學遊戲來了解其中的科學原理，讓孩子從實做中學習將生活知能、生活美學、生活實作及生活體驗與學習活動相互結合，累積生活智慧與經驗。		
學習面向	一、生活知能：經典閱讀、科學探索、創意發明、社會議題等等。 二、生活實作：烘焙烹飪、木工製作、雷射雕刻、家事達人等等。 三、生活美學：表演藝術、音樂演奏、視覺藝術、媒體素養等等。 四、生活體驗：餐桌禮儀、職涯探索、背包客分享、飢餓三十等。		

圖 **9-6**
生活達人 —— 創客木工及烘焙課程

（四）「國際通識」課程

讓孩子放眼國際，與世界接軌，以達成「全人教育」人格養成的最終目標，課程中希望讓孩子具備雙語能力、得以開拓國際視野、尊重多元文化、關心國際永續環境議題等等。課程說明詳見表 9-6。

表 9-6
國際通識主題課程

學習 目標	成為國際公民	核心 精神	1. 氣度：胸懷世界、包容萬物 2. 認同：同理他人、多元關懷 3. 創新：汲取新知、與時俱進 4. 責任：行動付出、環境保護
課程 目的			為從小培養學生的國際觀，「國際通識」的主題課程可讓孩子具備雙語能力、開拓國際視野、尊重多元文化、關心國際永續環境議題等。為了讓學校相關主題課程的學習（童軍教育、戶外探索課程、生活素養課程）得以延伸，與國際接軌。 全球公民面向是從聯合國永續發展目標（SDGs）中，選擇適合國小階段可以設計的課程，諸如：消除貧窮、終止飢餓、氣候行動、保育海洋生態、保育陸域生態、可負擔的潔淨能源、負責任的消費與生產等，讓全球公民的我們為這世界盡一份努力與責任。 多元文化面向是讓學生擁有文化包容力，得以表現在對異己的開放性、尊重差異、相互了解、主動容忍、重視現有文化、提供平等機會及反對歧視，以開放的心胸接納與尊重不同的在地與世界文化。
學習 面向			一、全球公民：西洋節慶、國際脈動、國際交流、多元文化等。 二、多元文化：文化巡禮、原民文化、新移民議題、各國深度探索等。 三、資訊素養：數位學習、媒體運用、程式動畫、專題製作等。 四、永續環境：能源教育、氣候變遷、生態保育、溫室效應等。

（五）其他：多元智能課程

增加英語閱讀、陶笛、自然生態、視覺藝術、自選社團等課程，以啟發學生多元智能。

以上為大進第二期實驗教育計畫課程，此課程目前正在實施中，實施

後會在課發會上針對實施成效及需要修正之處進行討論及滾動式修正，以達到實驗教育課程最佳的成效。

實驗教育成效

大進國小透過「自我探索、勇於挑戰、多元智慧、國際視野」四個教育理念的落實與「善用地方資源、研發主題課程」、「全校童軍活動、落實多元學習」、「創意行動教學、教師專業成長」及「凝聚親師共識、推動實驗教育」四個計畫特色的推展，使得「金色童年、大進為伴」實驗教育計畫讓孩子有了明顯的成長與改變。大進國小的成效，可從「孩子的成長與改變」與「學校品牌的建立」二方面來看，以下說明之。

 孩子的成長與改變

一、激發孩子的創意

在規劃全校童軍課程時，大進國小以遊戲化、趣味化並注重小隊分工的設計方式引導學童投入活動，重視探索思考，讓每個孩子學習在參與過程中貢獻己力，並以團隊思考模式設計挑戰議題，訓練孩子們跳脫思考框架，拋出創意想像，縱使天馬行空胡亂嘗試，也總有靈光乍現，創造驚奇的時候。教師就利用這樣一次次的挑戰議題引導孩子從嘗試中累積經驗智慧、從討論觀摩中激發創意、從學習情境中培養問題解決能力。

二、促進群己的和諧

注重團隊合作學習的全校性共同活動課程，不僅建構人際互動基礎，促進合作互信，更在團隊活動中引導孩子發掘自身價值與責任，願意共同為小隊而努力。同時透過課程情境設計，促發小隊夥伴間的同理關懷與激

勵扶持，提升品德涵養。

三、勇於冒險的精神

　　在「金色童年」及「移動教室」的主題課程中，設計種種關卡與考驗，由易轉難來培養學生面對改變、挑戰與困境的勇氣，培養創新應變、冒險挑戰、問題解決、自信堅強的人格，來適應快速變遷的世界不可預知的未來。

四、學習與生活連結

　　生活化的課程導向與跨境的教學，讓學習變得真實有機，與生活情境相連結的課程讓學習變得有感、實用；走入實際情境的教學則讓孩子們擁有第一手的感動，最終期待透過這樣的有感學習，將被動灌輸轉換為主動探索。

學校品牌的建立

一、齊心打造品牌

　　一個學校品牌的建立極其困難，也許需要經由幾任校長跟學校同仁長時間的共同努力，同時也要結合學校所在的社區，將歷史人文、自然生態及社區產業等特色融入學校課程當中，再加上每個學校特有的傳統與組織文化逐漸形塑而成。這樣的過程絕非短時間可以達成，誠如大進國小從前任校長在 103 學年度開始推動學校轉型以及形塑學校品牌至今，經過十年的光景，也只是獲得初步的成效，想要打造金字招牌尚有千里之遙。因此，要建立學校品牌，都需要全校同仁齊心協力共同攜手走過，絕無可能在短時間達成或複製。

二、全校童軍教育

　　一個有品牌的學校都有其核心課程，而大進國小的核心課程「金色童年」主題課程，就是全校性的童軍教育。藉由童軍教育以小隊參與、徽

章制度、戶外活動、特定儀典、由做而學等方法融合成的獨特制度達成品格培育、技能與知識教導、健康與自我照顧、愛國與助人等教育目的。從新生入學由校長爲學生戴上領巾成爲稚齡幼童軍開始，在學校六年經過各項課程的學習及各種學習關卡的考驗，成功的將「自我探索、勇於挑戰、多元智慧、國際視野」四個教育理念落實在學生的學習上。每位畢業生在畢業典禮上都穿著正式童軍服裝接受校長頒發的畢業證書，這樣的儀式已成爲大進國小的傳統。

第五節

結 語

　　本章詳述大進國小由公立偏遠小學轉型成爲實驗教育學校的歷程。大進的案例固然值得有意從一般學校轉型成爲實驗教育學校者參考，但啟動轉型前一定要深思熟慮爲什麼要轉型，是學區內的生源不足？想要藉由大學區制來吸引學區外的孩子就讀？學校要以什麼特別教育理念來吸引家長青睞呢？或是學校在不乏學生來源下單純想要進行課程翻轉、教學創新？上述想法是否只是校長一廂情願，還是學校同仁都具有的共識呢？這些都必須釐清。

　　實驗教育並非萬靈丹，家長的「新鮮感」及對學校的「賞味期」極其短暫，一旦有新的實驗教育學校出現，這些「孟母三遷」及「逐水草而居」型的家長們，又會爲了追求「新鮮感」而將孩子轉走，這些都是欲啟動轉型的學校應深思熟慮的。

　　不管是什麼類型的學校：公立學校、私立學校、公辦公營學校、公辦民營學校或是非學校型態教學機構，只要能回到教育的初衷，眞心以愛心、耐心、同理心來對待孩子；教師不斷的增能、教學方法與時俱進；對於學校課程能夠有系統的規劃，同時導入社區的資源形塑特有的課程品牌；而對於各項教育資源都要積極地掌握，將學校辦學的資源極大化。如

此一來，相信不管何種類型的學校都能得到家長的青睞，讓學校永續的經營下去。

　　最後，歡迎各位教育先進及家長撥冗前來宜蘭縣大進國小進行課程交流與體驗，讓彼此的課程得以分享。

第 10 章

生態建構：陪伴兒少越過「拒學」之高牆

賴聖洋

　　「陪伴者兒少生涯教育協會」，原名「台灣兒少生涯教育促進會」，最初是由一群心理師及關心兒少的家長於 2011 年成立，並於 2016 年 9 月更改為現名。為協助拒／懼學之青少年，本會長期致力於辦理拒學生的學習輔導及自學團體的服務，且於 2021 年 9 月正式成立「臺北市陪伴者實驗教育機構」（以下簡稱陪伴者）。

　　陪伴者成立的初衷，乃有感於傳統的兒童及青少年教育或輔導過於將焦點放在「個人」，忽略了個人與環境的互動才是重心，衍生了許多問題。所謂「環境」，意指家庭、學校、社會、自然生態，甚至國際。環境的層次與影響範圍非常複雜，若無相應的因應方式，其殺傷力更有如脫韁野馬，會讓尚在發展中的孩子形成「無聊、網路成癮、厭學」三大症狀，甚至併發難以彌補的傷害。因此，陪伴者秉持「一粒種籽、一片土壤、一個故事」的宗旨，透過合作提供孩子適性發展的土壤，協助孩子探索自我優勢，引導他們從做中學追求與實踐人生的價值觀，並且主動建構自己的獨特故事，成為具有「生產力」及「造就他人」的典範。

　　陪伴者在全體實驗教育體系中是一個非常獨特的存在。它的特定教育理念不在於追求過高的教育理想、課程體系，而是關懷與陪伴在學習歷程中遭遇挫折或是迷惘於尋找自我定位的孩子。因此，

筆者乃在本章帶領讀者由生態系統看待拒學，再透過課程來實踐實驗教育的理想，給孩子適性的發展。

在高度壓力、不斷變遷的社會環境下，除了就讀於陪伴者的少數孩子外，在我們看不見的角落一定有更多需要陪伴的孩子。實驗教育是一種創新，也是一種適性的教育模式，本章撰述之內容定能提供許多省思，讓實驗教育照顧到光譜上的每一個點、每一位孩子。

第一節

拒學理論與觀點

上學的前一晚，和孩子說好隔天要去學校，書包、制服也都準備好了。到了早上，爸媽卻發現他仍然在睡覺，不斷地去叫他、搖醒他、拉他，他卻強力抗拒，甚至因此引發嚴重衝突，也無濟於事。

有的孩子就算起床，拖拖拉拉的，好不容易到了學校門口，卻怎麼也不進校門；有的孩子就算進了校門，也難以進班，一直待在輔導室；有的孩子就算進了班，待沒幾小時就想回家……

拒學的腳本經常有著相似之處，當父母日復一日面對孩子這樣的情況，內心必定非常煎熬，不但經常與孩子拉扯，導致親子關係越來越緊張；大人竭盡所能卻徒勞無功的當下，往往因無望感而對孩子造成更大的傷害，最終導致因管教壓力而引發親子衝突，或者父母自己陷入了憂鬱。

父母與學校環境是影響拒學現象不可或缺的一部分，因此創造出一片「適當成長的土壤」便成了陪伴者首要重視的目標，陪伴者目前服務的對象，聚焦於情緒及適應困擾的兒少。其中最大的困境，主要是「親子關係」及「學習與學校的相關議題」，下列將描述陪伴者如何從生態系統的角度來看待拒學。

壹 由生態系統觀看待拒學

拒（懼）學，顧名思義有「抗拒、拒絕」與「懼怕、恐懼」之雙重意涵（以下皆稱拒學），過度簡化地將之視為「愛玩、偷懶」的行為問題，往往導致在介入協助時過度聚焦在孩子個人身上，將拒學現象化約為品行問題，導致介入成效大打折扣。

　　針對拒學的理解與眼光，深深地影響著陪伴者的處遇模式。拒學所涉及的核心焦點，需要從「行為問題」移轉至「適應與發展」上。George Engel 在所提出的心理健康理論「生物－心理－社會模型」（bio-psycho-social model）中指出「人類的行為表現，受到生理、心理及社會因素所共同影響。」（Engel, 1981）陪伴者以此理論來理解拒學的成因，了解拒學如何影響當事人的適應及發展，且據此發展出有效益的協助模式，因此在初談的評估以及後續介入策略中，皆會將孩子的「先天氣質」（生物）、「心理適應狀態」，以及孩子「系統中的重要他人」列為評估與思考的方向。

　　「生物－心理－社會模型」理論不但提供我們宏觀視角去檢視問題，也提供微觀視角去注意到個人與環境的交互作用所形成的問題，如同「素質－壓力模式」（diathesis-stress model）所強調的，人的問題是「先天氣質」與「環境互動」結合而所導致的，而不是單單是素質或外在壓力所引發（Gazelle & Ladd, 2003），因此理解孩子過往拒學之脈絡，以及先天氣質如何與環境產生互動而造成現今拒學的結果，是我們所關注的。

　　此外，從依附與分析的觀點來理解拒學現象，使我們追溯到當事人早期依附關係所形成的異化自我（alien self），即照顧者與嬰幼兒互動時，因照顧者對於孩童的情感鏡映失敗（mirroring fails）導致嬰幼兒無法發現與理解自己的意圖，以至於內化了他者的表徵，扭曲了主體自我的特徵，此即為《心智化》作者 Peter Fonagy 等人（2018）於書中所提出的觀點，對於我們理解正在拒學中的孩子心理的內在世界以及介入模式有很大的助益。綜觀以上的陳述，涉及拒學的潛在因子及其交互作用，至少包括：依附關係、氣質適應、環境因子與發展進程。

運用 Stanley Greenspan 因應拒學的對策

　　自閉症治療大師 Stanley Greenspan 提出 DIR 理論（development, individual-differences and relationship-based, DIR），強調「發展」、

「個別差異」、「關係」三者如何影響一個人的心理建構（Greenspan & Wieder, 2008）。他強調每個人天生的氣質（temperament）有著有很大的個別差異，因此照顧者在與孩子的互動關係中，必須考量如何以積極的訊息處理模式，去協助孩子找出具有發展方向的計畫及行動。DIR 理論不但有助於我們理解孩子的發展模式以及心理症狀歸因，同時，他所發展出來的「地板時間」（floor time）療育計畫，即「對世界有趣、親密關係、雙向溝通、複雜溝通、創意想法、活化思維」六個里程碑也值得借鏡，其不但可用在自閉症的治療，也可運用在拒學上。

　　表 10-1 是將「地板時間」之六個里程碑，簡化爲「重建賦能的關係、探索與定向、塑造新的價值」三步驟的輔導策略，並且將陪伴者所重視的輔導目標與階段進行分類。

表 10-1
拒學輔導目標與策略

DIR 理論輔導重點	實務介入與內涵	PRO 階段目標	CAR 自我決定論
重建賦能的關係 1.再歸因：理解自己是被阻礙困住，不是自己不好 2.聚焦於個人優勢 3.累積與體驗新的成功經驗	1.策略運用：關係連結 2.介入重點：課程設計以建立關係為主要目標，透過有趣的主題引發參與動機。	關係建立與連結（Personal connection）	關係連結（Relatedness）
探索與定向 1.探索進一步前進的方向（vision） 2.分享同儕成功的故事 3.建立團體空間，進行具有生產力的活動或課程	1.策略運用：同儕學習與勝任感 2.介入重點：課程設計透過教師與學生的連結，帶動議題及知識的學習，並弱化學習與被評價的連結。	同儕學習（Related for learning）	勝任感（Competence）

DIR 理論輔導重點	實務介入與內涵	PRO 階段目標	CAR 自我決定論
塑造新的價值 1. 看見自己的生涯定向（becomings） 2. 建立積極自主的關係建構能力 3. 分享自己的生涯敘事腳本	1. 策略運用：任務與自主性 2. 介入重點：課程整合前兩階段的關係建立及學習，以任務為導向，將學習化為實際的行動，並透過行動賦能學生。	任務學習 （Organized for mission）	自主性 （Autonomy）

 ## 陪伴者的學生類型及因應對策

　　陪伴者服務的學生，主要可分爲「特殊氣質、挫折無助、人際焦慮」三種類型。我們的工作模式是在學生入學評估時，應用 George Engel 的「生物心理社會模式」（Bio-psycho-social Model），針對每位學生的「先天氣質」、「家庭經驗」及「學校經驗」進行心理相關資料的蒐集。然後，再根據所獲得的資料分別回答下述三個問題：

一、發生了什麼事？

　　是否爲 ASD（自閉症）／ ADHD（注意力缺陷過動症）先天氣質？是否有早期療育介入？依附關係安全與否？遊戲／身心／人際發展狀態？學校的人際關係及學習經驗如何？是否有重大的創傷經驗等？

二、有何影響與症狀？

　　針對認知／情緒／行爲的影響爲何？是否有人際焦慮、憂鬱情緒、行爲問題？是否陷於無聊／厭學／成癮的狀態？是否挫折且習得無助感？

三、因應介入的策略為何？

過去針對上述適應困擾所採取過的介入策略爲何？介入後學生改變與反應爲何？拒學的歷程是否加劇或改善？

針對以上的評估資料，我們在學生入學前安排「賦能課程」，主要的內容包括：(1) 安排合適的心理師，以進行關係連結及修復；(2) 激發參與身心－人際的體驗活動，以強化內在的動能；(3) 探索學生的優勢及興趣，以進一步賦能。

在陪伴者的專業工作中，「賦能課程」扮演非常艱鉅的挑戰。然而，當學生一旦通過此歷程，申請進入陪伴者自學，往往就能漸入佳境且逐步發展。

第二節

實踐之現場

本節延續上一段落討論之理念與輔導方向，分享陪伴者的課程目標與設計，並且針對課程規劃與內涵進行詳實的介紹，最後探討師資培訓的做法。

 ## 陪伴者的課程目標

陪伴者爲協助學生從挫折走向賦能，在拒學的環境壓力中發展出因應的自我功能，我們針對每位學生設計量身訂作的課表，從個別的狀態與需求出發，找到學生現階段最需要的能力及發展方向，透過與學生討論、共同探索的方式，引導學生自主選擇自己希望學習的課程，強調個人對課程的主動投入和承諾。此歷程幫助學生建構其內在心理狀態，從人我關係、自我覺察及調整，到準備好自己走向社會，同時也培養學生外在技能，從探索到深化，再到實際應用。

　　陪伴者的目標是根據自我決定理論（Deci, Olafsen & Ryan, 2017），盼望學生從陪伴者畢業之後能具備 CAR（competence, autonomy, relatedness, CAR）三種能力（圖 10-1）：

圖10-1
自我決定論之內涵

(1) 勝任感（Competence）：相信自己「有能力面對生活中的任務與挑戰」的能力。
(2) 自主性（Autonomy）：發自內在的決心，自己可以掌握並承諾參與活動。
(3) 連結歸屬（Relatedness）：渴望與他人互動連結的本能，其連結對象包含親情、愛情、友情等。當個體在環境中感受到支持與關愛，更願意在安全的環境中勇於冒險。

 陪伴者的課程設計

　　為了培養學生 CAR 的能力，除了學生們依照個人興趣所挑選的課程外，陪伴者將下列幾項課程列為機構的必修課程，表 10-2 呈現每位學生的必選修課程，並且依序進行課程內涵與目標之描述。

表10-2
必修與選修課程

必修課程	選修課程
個管輔導、生涯團體、必選修團體三門、體育學分、期中及期末戶外賦能挑戰，共 15 學分。	其餘團體課程、個人課程、機構外部課程經申請可成為機構學分。

一、個管課程

　　每位來到陪伴者的學生首先會安排一位個案管理師，當個管師與學生討論規劃生涯地圖後，帶領學生根據生涯目標和輔導目標進行選課，決定該學期的課程安排。個管師的角色及功能如表 10-3 所示。

表 10-3
陪伴者個管師角色功能

角色	目的與功能	內涵
價值傳遞者	價值傳遞	傳遞陪伴者的重要理念價值：包含建構正向積極的自我概念、身心自我照顧、人際關係的重要性及多元生涯的探索等。
生涯與輔導教練	生涯探索 身心輔導	掌握學生目前的身心狀態，訂定符合發展鷹架之輔導目標。 建構生涯地圖，與學生討論有興趣、願意嘗試的主題，並且探索生涯方向。
資源連結者	家長系統合作 人際與資源連結 生態建構	幫助學生建立信任關係，並且幫助學生與家長、其他教師、同學建立連結。 創造以學生為中心的系統合作模式，引進學生需要的資源，共同幫助學生。

二、團體課程（含必選修及生涯團體）

　　團體課程的開設由機構每學期視學生需求及興趣開設，使學生能有多元選擇，並且依照 PRO 輔導策略，依照學生狀態與階段的不同，設計出不同的團體類型（表 10-4）。

（一）P—關係建立與連結（personal connection）

　　選擇學生有興趣、有吸引力的主題或媒介，推動學生來到機構之動機，創造與他人建立關係的機會。課程主題如：羽球、舞蹈、桌遊等，藉由興趣的學習，創造人際互動機會，並且讓學生學習如何主動與他人互動，也因為學習的內容是學生有興趣且較為擅長的，能夠成為學生生活

表10-4
學習階段之課程範例

發展階段	課程範例	課程目標	關係學習目標
關係建立與連結 Personal connection	桌遊團體	1. 認識各式類型之桌遊 2. 學習如何帶領桌遊 3. 培養一起玩的能力	1. 課堂中與教師及同儕互動 2. 人際互動技巧提升 3. 習得帶領桌遊之能力，能夠在課堂外主動邀請他人一起玩桌遊
關係學習 Related for learning	心理學 團體	1. 認識與培養基礎心理學知識 2. 提升觀察力與表達力	1. 課堂中與教師及同儕互動 2. 人際互動技巧提升 3. 合作完成專題報告
任務學習 Organized for mission	生涯團體	1. 人際力、表達力、參與力、適應力、運動力 2. 整合學習與行動 3. 籌備戶外課程	1. 課堂中與教師及同儕互動 2. 共創陪伴者土壤之理念實踐 3. 深化教師與同儕關係

中與他人互動、聊天的素材，提供媒介讓學生在課堂外的時間練習人際連結。

(二) R—關係學習（related for learning）

透過穩定基礎的關係，帶動特定議題和知識的學習，將知識傳遞給學生。關係建立後，學生開始能對於教師選擇的主題感到興趣，或因為想要與同學有話題與更多連結，而願意主動嘗試不擅長的領域。藉由議題及知識的學習，能夠幫助學生增加自身及社會的連結，提升對生活周遭事物的敏感度。此外，也幫助學生針對有興趣的主題進行更深度的學習，探索個人的生涯發展方向，建立知識學習的正向經驗。

(三) O—任務學習（organized for mission）

整合「學習」與「行動」，以前兩項 P、R 為基礎，讓學生實際走出去，透過任務看見自己的學習成效。這類型的課程是陪伴者非常重視，也是所有學生的必修課程，包含生涯團體以及賦能戶外挑戰。

　　生涯團體（圖 10-2）是貫穿所有課程的必修團體課程，除了具備關係連結和關係學習的用意外，也在課程中設計許多實作任務帶領學生討論與執行，例如帶領學生籌備戶外課程、討論並執行服務學習計畫等，並將執行任務所需的能力拆解成容易理解的五個核心能力：「人際力、表達力、參與力、適應力、運動力」，連結到學生的生涯發展，幫助學生透過行動反思自身的學習。當學生在這些能力上有所進步，也能將所學延續至其他課程及生活當中，幫助其他課程的學習。

圖 10-2
生涯團體示意圖

註：筆者攝影。

三、賦能戶外挑戰

　　賦能戶外挑戰（圖 10-3）為陪伴者重點特色課程，每學期於期中及期末各舉辦一次，為期三天兩夜之戶外體驗課程。每一次的課程內容會依

據學生的整體能力及身心狀況進行設計，課程會包含主要任務如：單車挑戰、登山挑戰、深度文化探索等，以及每天任務後的參謀會議（反思討論時間），課程中的挑戰同樣用五個核心能力說明：

• 人際力：需要長時間與同儕、教師相處，考驗學生們人際互動之能力，課程中設計需要團隊合作或團體討論的任務，使學生在真實情境中培養人際關係。

• 表達力：在團體過程中，設計「參謀會議」，使學生練習表達自己的想法，並且培養反思能力，以及在遇到困境時表達自己的需求。

• 參與力：強調個人投入是影響團體氛圍與學習的重要關鍵，每一個人都是團體重要的一分子。

• 適應力：培養學生去適應不熟悉的環境、挑戰任務以及過夜的團體生活。

• 運動力：評估學生能力後設計具有合適強度的體能挑戰。

圖 10-3
賦能挑戰紀錄

註：陪伴者的學生期中與期末不考試，而是參與約三天的戶外體驗教育活動「賦能戶外挑戰」。我們利用單車、登山或文化探索為主題，帶領學生在人際及體能上挑戰，更是傳達持續挑戰舒適圈的價值觀。

　　這些挑戰對於處在挫折經驗、拒學的學生而言需要很大的突破，也會引起學生們的抗拒，認為自己沒有能力參加這個課程。對此，我們抱持著積極的態度與學生討論他的困境，並且保持彈性讓學生能夠建立合適的挑戰，一階一階漸漸跨出舒適圈，目的是要翻轉他們過往的挫敗經驗，透過完成適當的任務創造成功經驗，賦能學生。

四、其他必選及選修課程

　　除了必修團體課以及賦能戶外挑戰外，其餘的選修課程由學生及個管師討論提出，同樣依照 PRO 輔導策略進行設計，為不同階段的學生設計不同的目標和鷹架（表 10-5）。

表 10-5
課程發展鷹架

目標與階段	關係建立與連結（P）	關係學習（R）	任務學習（O）
選修課程範例	動能輔導 運動團體 羽球團體 健身團體	電腦繪圖 職人講座 程式語言 升學團體 生活英文	打工輔導 職涯實習 履歷面試

參 師資培訓

　　陪伴者的教師主要分為「個管師」及「輔導員」兩大類。個管師的部分已在前文中介紹，輔導員主要針對學生直接授課，主要工作內容為與學生建立關係連結、傳遞陪伴者價值、提供重要資訊給個管師、改寫學生學習經驗等。兩者角色的異同，如表 10-6 所示：

表 **10-6**

陪伴者教師角色與增能

角色	功能	資格或背景	定期訓練
個管師	1. 價值傳遞 2. 生涯探索 3. 身心輔導 4. 家長工作 5. 人際資源連結 6. 生態建構	資深輔導員或諮商心理師	1. 每月一次行政會議訓練 2. 每月一次同儕督導團體 3. 每學期至少六次專業培訓工作坊，主題為：家長工作、系統合作、危機處遇、自我照顧、升學輔導及個案提報等。
輔導員	1. 價持傳遞 2. 人際連結 3. 基礎輔導 4. 資訊傳遞給個管師 5. 學習輔導：改寫學生學習經驗	正式輔導員須受過陪伴者培訓課程 20 小時以上，並通過實習考核者	每學期至少二次教育知能講座，主題為：自我照顧、個案提報、教學技巧等。

第三節

陪伴者的展望與期許

總結來說，陪伴者的核心理念，包涵在「一粒種子、一片土壤、一個故事」當中，我們稱之爲「生態建構」。生態建構的歷程是從「關係連結」到「土壤建構」，以協助學生從邊緣化的困境，重新回到生涯發展的軌道。「關係連結」階段偏向個人工作，聚焦在個管師與輔導員與學生建立信任的關係，作爲學生連接到群體的預備工作。

「土壤建構」偏向團體工作，主要是教練與學生間透過「盟約」的合作學習，不但建立自己的思考力，也磨練出執行能力。在這幾年的努力下，我們在關係連結工作上頗有進展，因此陪伴者的未來展望，乃將重心逐漸轉移至「土壤建構」的深化。

　　然而，「土壤建構」的深化工作，至少有三要件：(1) 學生需要具有行動敘事的生涯典範故事，以激發他們的渴望與想法；(2) 需要發展師徒制的生涯教練團體，帶領學生以行動來實現想法；(3) 學生需要有更多元的任務學習機會，以累積更大的生涯經驗。

　　我們機構因定位在輔導拒學／懼學孩子之故，本質上就有很大的挑戰。現階段若要達成上述三要件，團隊在人力與財力上會面臨極大的壓力。我們深知無法閉門造車，我們必須與他人合作！

　　因此，我們期許在未來能夠培訓更多元的教練，讓更多專業人員來參與。同時，也能結合更多的社會資源及與更多的社會性機構合作，邀請社會賢達共同來建構與從事生涯教育。我們深信透過這樣的生涯教育，能夠真正的解決孩子拒學的問題。

實驗教育經驗談

拒學生的盼望之旅

臺北市陪伴者實驗教育機構 教務主任 鍾源欣

　　「爲什麼陪伴者的課程都在玩？這樣眞的能夠有未來嗎？」

　　某位新生家長皺著眉頭說。這是常見新進來陪伴者的家長會有的疑問。

　　「陪伴者」常常以植物作爲隱喻，來詮釋學生遇見的困境。當我們把眼光放在孩子爲什麼沒有結出果實，便很難看見孩子在土壤底下的根部到底發生什麼事情。

　　在我剛開始協助拒學的學生時，我也曾困惑他們爲何「看起來」不努力，爲何「選擇」讓自己過這樣的生活？

　　「到底誰會自願地想要過上擺爛的生活？」

　　直到有一天，我的學生打從心底委屈地說出的這一句話點醒了

我。才發現我們的首要目標並不是找出解決的方式，而是回應孩子的習得無助感（learned helpless）以及絕望感。「陪伴者」相信我們需要先恢復孩子對人群，以及對未來的盼望，孩子對於學習與渴望發展的天性才會逐步被喚醒。

　　讓我們回到植物的隱喻中，「陪伴者」的目標是創造一片有盼望的沃土。沃土的實際隱喻是學生的生態系統，包含家長、教師及同儕均同調一致的積極文化。這片沃土會治癒學生絕望的根。我們協助孩子鬆土、施肥與除蟲，並持續投入積極的關注，耐心陪伴與等待孩子會發芽成長。

　　「陪伴者」辦學至今已經超過七年，協助超過百位遭遇困境的青少年重拾學習以及對人群的盼望。我們深深看見如此輔導工作方法的實務價值，盼能將這個工作理念持續散播傳承，讓更多遭遇困境的青少年有不一樣學習與發展的機會。

終章

展現教育新面貌的
實驗教育

林雍智

　　本書《實驗教育面面觀》的出版宗旨在於接續前書《實驗教育》中對實驗教育基本概念的介紹，期待本書內容能兼容當前實驗教育繽紛的發展樣貌，透過各面向的介紹，讓讀者從各種觀點切入，擴大對實驗教育的認識。本書在實驗教育構造論中延續實驗教育基本概念的介紹，作者在撰述時亦帶入了社會學、哲學與管理學思維，期待提供讀者在論點上（即對實驗教育觀感的切入點）有可以折衝、批判、權衡的空間，讓大家一起來思考實驗教育的各面向。實驗教育方法論各章也分享了理念的實踐策略，期待傳遞這些實踐智慧，讓繼承的人進一步的落實。至於實驗教育實踐論則選取了三個非常有特色的案例，協助讀者析出對實驗教育的價值評判。

　　實驗教育走到今日，我們會質疑：實驗教育是一個制度嗎？一如學制般，成為較為穩定而恆常的體系，還是說，它是一個政策？就如高中免試入學政策般，是在解決當前教育問題、造福一部分學習需求者的政策？制度和政策相通的部分，皆有政府參與，也有經費投入，但兩者最大的差異，還是在時間長短與影響層面大小上。也就是說，若您期待實驗教育不只是個短期政策與一時性的法規（畢竟法規亦可經常修訂），而期待它帶領教育前進時，實驗教育本身就應該要不斷的去蕪存菁，展現新的面貌，如此才有動能從政策站往制度一端，進而改變教育。在本書即將結束的終章中，讓我們來整理這些論點。

教育創新與實驗教育

　　快速的社會變遷、人民價值觀的改變、國際交流的日盛，在在促使了教育創新不斷的進行。大範圍的教育創新可以稱之為改革、革新，小範圍的教育創新則體現在課程、教學、工學等議題上的突破。以最低限的創新程度來看，教育是知識和經驗的不斷重組過程，因此只要參與者日常有改變、持續追求卓越，也可以稱得上創新。

　　實驗教育的興起，開啟了各界對教育重新想像的機會（黃志順，2023），也提供了一個「創造未來教育的新典範」的機會，因此實驗教育基於其特性，必定帶有創新成分（林海清，2023）。然而，教育創新卻不一定非得在實驗教育水土下才能發生，正規的教育中亦可以創新，甚至就如前段所述的，日常中追求卓越的過程，教師在課堂中接收到學生非設定好的回饋，進而帶給教師省思，促成教師教學改進的互動亦是一種創新。換句話說，創新，可以在任何的地點、任何情境中追求。因為實驗教育所帶來的空間較正規教育更多、更彈性，因此實驗教育更適合去創新，適合追求創新的人在其中表現。

　　目前，大多數的人在看待「教育創新」這個名詞時，會將其視為一個專有名詞般的看待。就如同看待「教育改革」般，會聯想到我國的教育改革始自於 1994 年的 410 教改大遊行以及其後成立於 1994 年的行政院教育改革審議委員會，認為此乃為我國教育改革之始。其實教育改革是一個發展的過程，自二次大戰後以來，每一次的課程標準調整亦可算是一種持續性的教改。創新也一樣，當前世人看待創新，經常會援引一些專有名詞來賦予創新邊界，例如翻轉、自造者教育（maker）、AI（人工智能）、PBL（問題解決式學習）、混齡教學（mix-aged teaching）、雙語、跨領域教學，以及各種如海洋教育、防災教育、環境教育、美感教育、品德教育的議題融入等，只要運用新議題、新媒體包裝的，便認為是創新。

　　從法規規範來看，實驗教育法源之一的《學校型態實驗教育實施條例》第 1 條指出「為鼓勵教育創新……」；第 3 條指出「……學校型態實驗教育，指依據特定教育理念，以學校為範圍，從事教育理念之實踐……」，可見，學校型態的實驗教育被認定為是用來進行教育創新的一種途徑和手段，其所依據的則是「特定的教育理念」。至於非學校型態實驗教育，法規就沒有提到「教育創新」一詞。這麼看來，學校是被允許在實驗狀況下更大幅度的進行創新的。我們若將正規學校可以做的創新去除，那麼會有哪些創新是只有實驗教育學校才做得到呢？

　　有的，而且還不少。例如制度的創新。將現有的二學期制分化得更細緻，依照時令與課程進度將其分為「四學季」，即可算是一種創新。然而問題是這種改變對孩子學習有沒有幫助？此時就要回來檢視課程設計和學校行事安排的合理性，以及其能否吻合特定教育理念的體系了。若只是一種借來的，或是自創的標新立異式的創新，終將抵不過時間的檢驗而使其辦學產生破綻。其次，再如「移地學習」，要將孩子從都市帶往鄉村進行在日本也很盛行的「山村留學」，此在正規學校中僅能安排 3-5 天的戶外教學體驗。教師在安排此種以週、月為單位的移地學習時，需要考量和突破的限制（如取得家長支持），也是一種創新。這種創新，將有助於我們檢證戶外教育、走讀教育、體驗學習能夠做到什麼程度，這就是一種在實驗教育實踐各種創新理念可能性的挑戰。再者，升學的銜接亦是一種創新。實驗教育往幼教、往高教、往國外教育的銜接，正規教育往返實驗教育的銜接都是實驗教育開始後才產生的需求。透過嘗試和歷史的追蹤，讓我們可以了解參與實驗教育的孩子可在哪些途徑上找到自己的方向，進而營造美好的人生。另外還有如九年一貫學校中，學習階段別採 4-3-2 的設定；高中階段中創業（entrepreneur）教育與理財能力的培養等，這些也都是創新。甚至回到遊戲本身不是為了工作，而是單純的遊戲，在玩中享受樂趣，其在當前重視各種創新方案、要求學生學習一堆新概念、新做法的時代，也是一種回歸本質的創新。

　　讓我們再度為教育創新和實驗教育的關係整理一下。從家長和孩子的

角度來看，實驗教育最重要的，仍然是「人」，這是它的主體，也是核心。若家長希望孩子可以找到適性、開展其潛能的學習，則一切有助於孩子的學習需求的，都值得去組織與創新。相對的，某些對其孩子無用、無效的創新方案，則會被視爲是僵化體制和浪費時間；從教師角度來看，試著改進教學，並挑戰新的觀念、新的做法，期待學生在其中能展現更佳的學習表現，那麼教師就是一位與創新同步的教師；再以實驗教育辦學者的觀點來看，特定教育理念是爲了協助其有系統的整理出實施教育的理路、爲了實踐理念、爲了因應市場動向、爲了回應家長期待、爲了提供學生多元適性的學習機會，辦學者應該每日抱持創新的心態去經營，這樣實驗教育才能有持續性發展。

第二節
從就學主義到修學主義：學習的制度哲學革命

當我們將正規教育與實驗教育置於二元對立論之下時，往往容易析出許多差別性的概念，例如傳統的 vs. 先進的、僵化的 vs. 彈性的、大眾 vs. 小眾、以教師爲中心 vs. 以學生爲中心、一元的 vs. 多元的、重視國家教育權 vs. 強調學生學習權（吳清山等人，2016）。這些容易令人陷入對立的方程式，將隨著實驗教育繼續推動而淡化色彩，筆者做此主張的理由有二：其一是隨著參與實驗教育人數的增加，實驗教育的實施方式和內涵也會讓更多人知曉，如此可淡化自另類教育時代以來建立在對立方程式上的彼此關係。其二是在教育觀念和教育科技日益進步的環境下，許多過去做不到的教學模式，未來將有更多實現的空間。且由於少子女化發展下，社會已經由以往的集體主義轉往重視「個」體方向邁進，因此不論是正規教育或實驗教育，兩者必然會更相互接近，而非相互排斥。

不過，實驗教育帶來的是一種速度更快的改變。以尊重與保障「學生學習權」這一觀點來看，實驗教育就能引導全體教育更快速的朝該方向邁

進。本節標題中所說的「從就學主義到修學主義」就是一例。在日文中，就學（しゅうがく）和修學（しゅうがく）兩詞發音相同，但是意義卻有所區別。「就學」一詞，在日本的《學校教育法》義務教育章各條文中，所指的是「到學校上學」的意思，依該法之規定，家長負有讓所保護子女在滿六歲之次日就學的義務，且這個義務只有限定到「學校」讀書，所以就學是指「就『學校』」而不是「就『學習』」。另一方面，「修學」指的是學習學問，以及經由學習取得知識之意，它的同義語，還有「學修」與「履修」兩詞（林雍智，2023b）。有關就學和修學概念上的差異情形，筆者將其加入實驗教育的精神進行兩者相較，將同異整理至表1中。

表1
就學主義與修學主義之同異

就學主義	「學」字的意義	修學主義
集體主義、齊頭式平等	價值觀	個人主義、適性學習
學校	實施場域	學校、個人自學、實驗教育機構、團體
班級	實施單位	班級、混齡班級、全體、個別
往指定場域的通學	展現行為	在各場域的學習
出缺席、紙筆、質性	評量	量化成績與質性評量，或是不經過評量的作品
出席、修讀	重視事項	習得

註：引自從「就學」主義到「修學」主義：實驗教育學校帶來的最適性學習〔主題演講〕，林雍智，2023a，5月20日。臺北市和平實驗國民小學111學年度夏學季學校日工作坊，臺北市。

從上表可知，實驗教育所代表的學習樣態，有較多部分與修學主義的精神相符，但也不必然排除就學主義的色彩。例如個人自學者，有70%以上採行修學主義來學習，不過也會回到與其合作的學校，參與學校的課程或諮商；實驗教育機構重視個別、適性，在教學上可能採用混齡模式，但也要求學生的出席率。另一方面，正規學校在COVID-19疫情的影響

下，採用的線上或混成方式教學方法，也擴大了修學主義的可行空間，不論是實驗教育或正規教育，也因多元學習評量做法的運用日益成熟而使評量可以反應孩子的學習達成度，這些都是兩者互相融合的證明。

　　然而，光是只做概念上的論辯是無法清楚區分兩者特性的。本書在第一章提到，日本在 2021 年提出的教育發展方針，是「個別最適化學習」與「協作學習」。這兩個策略係爲依循課程標準的正規教育學校應採行的方針。日本也知道「個別最適化的學習」要成眞，不能只靠理念上重視個體、重視學習權這種空泛的主張，因此他們提出了善用平板、媒體去改變課程內涵，也要調整教師的工作方式，才能使學生的學習從班級式、集體主義式的現況往個別最適化發展。日本在 2022 年提出的教育 DX（digital transformation）政策，就是在透過資料庫、資訊平台、資訊分析三大項目來支持學生的個性化學習和教師的個別化教學（文部科學省，2022）；其次，爲了避免孩子以個別的方式學習，最後容易陷入孤立情境，而不利於孩子的人際互動與社會關系的發展，因此日本也提出了「協作學習」作爲互補的對策。

　　這種圍繞在就學與修學間的典範轉變，對正規教育的衝擊要比對實驗教育的衝擊更大。例如正規教育的孩子能否有不去學校上學的自由？COVID-19 疫情初始時，學校能否使用線上課程，並將其視爲正式課程，這些在日本，都不是容易做得到的「創新」。在大阪，一位久保敬校長在 COVID-19 疫情導致的學校關閉初期，就由於不等教育行政機關宣布，而逕自決定實施線上課程而遭到處分（儘管後來日本全國都實施了線上課程）。不服處分的他，還提訴到市長和議會，並出版一本書自訴理念，更委託仙貝（煎餅）製造工廠在仙貝上烙下自己的肖像（如圖 1），作爲贈書時的附帶禮品（久保敬，2022）。另外，還有拒學孩子如何認定修課時數，是可以參與線上課程，還是必須到校，或是到 free school？或是在實驗教育單位就學？可見日本對於修學主義方向的移動速度，仍受該國的文化習慣所牽制而較想像中更緩慢。

圖1

有 Guts 的校長出版的書與仙貝

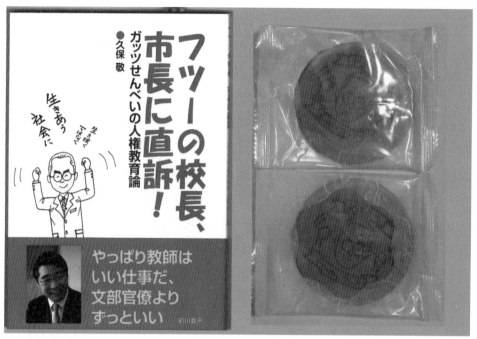

註：筆者拍攝。

　　進一步來看修學主義所代表的意涵為何？它是一種認可將學校與學校外的地點作為學習場域的思想，其也是一種保障個人學習的思想（吉田敦彥，2022；篠原清昭，2023）。若將其套用在實驗教育上，可得知這種主義、精神所需求的不是一種「支持」或「代替」或「另類」。其根本上是哲學觀上、制度觀上的一種超越，它訴求的是教育制度的變化，也是學習方式與學習途徑的再定義。所以我們才說，若實驗教育追求的是學習制度的哲學革命，那它正在往這個方向走，也正在牽引正規教育往這個方向走。

　　儘管現階段所呈現的外顯問題，出現如教師意識（教學準備）、教學技術（方法學）、家長的夥伴意識，以及實驗教育審查者對全人教育觀的固化等問題尚待解決。但從大趨勢來看，我們都會邁向一個「選擇學習的

時代」（東京都フリースクール等ネットワーク，2020）。在那個時代中，孩子如何適性學習、家長如何協助、教師扮演什麼角色、學校如何轉型都是今後可以關注的課題。本書教育實踐論三章所提出的案例，正說明了邁向選擇學習的時代當中的實驗教育有做了哪些事，讀者不妨從此觀點再一次品味之。

　　此外，爲針對拒學孩子、特殊需求孩子，日本在 2016 年時制定《教育機會確保法》，規定政府應該保障上述孩子在學校以外就學的權利；我國「非學條例」雖允許個人自學，但對於上述孩子的具體保障仍然不足，未來在修法上還有不少待改進的空間。

第三節

實驗教育的自由與公義：教育的公共哲學轉變

　　公共性（public）一詞，係指「眾人共有的，對一般社會造成廣泛利害與影響的性質，且含有政府的、普遍的、公開的特質」（教育部，2007；Cambridge Dictionaries Online, 2023）。實驗教育的公共性如何維持，一直受到關注本議題的研究者、審議會委員與辦學者等實務界人士以及家長的關心（黃志順，2023；林雍智，2022b；陳怡光，2020）。然而對於「公共性」的界定和論點，卻也各自有所差異。例如黃志順（2023）認爲「公共性」的立意和「公共利益」的價值在於「當我擁有這個東西時，非但不會減損他人的利益，反而能爲更大多數沒有擁有者做出貢獻。」（p.12）這是一種對於公共利益特質的描述；林雍智（2022b）又從市場競爭、對非學校型態的補助等闡述公共性的具體作爲；而陳怡光（2020）的看法更爲特殊，他將正規教育稱爲「非實驗教育」，其用意是將正規教育由一個占有大範圍光環的實施樣態拉到和實驗教育相同的位階以進行比較。由此，剛好顛覆了正規教育人士看待實驗教育可以分爲「學校型態」及「非學校型態」的二分法思維。他認爲在義務（國民）教育階段，政府

對學生教育費的負擔，不能只提供「非」實驗教育的孩子，而是應該覆蓋全體學齡國民，讓孩子不管家庭收入多少，都有自由學習的機會。

　　公共性的討論其實是個嚴肅的學術與實務議題。在理論架構上，它和自由主義（liberalism）、新自由主義（Neo-liberalism）、新公共管理（new public management）理論皆有關係，且爲出現時間序列上的意識型態轉變，所牽涉到的概念，有自由競爭、績效責任、上下階層關係、國家主義與自由主義等。舉例來說，由國家來定義「學校」，再讓孩子「到學校學習」，並讓父母負有讓孩子到學校學習的責任，這一連串的規範就屬於國家主義色彩的教育觀，此時的學校就是國民自出生後所接觸到的，最具有代表性的「公共」場域，當然學習被定在「學校」內就屬於一種維持公共性的格調。然而，不同意識型態的典範轉移，也對公共性本身的定義造成了衝擊。例如「新公共性」理念主張民主價值、重視決策過程中參與者的正當性，以及以公民爲中心，尋求政府體系與民間良善互動，以分擔治理責任、謀求社會公義的精神，就屬於一種反思舊公共性的思維。在新公共理念下，也出現了許多和原本定義不同的議題，如治理（governance）、協治（co-governance）等，公民的角色在其中也重要了起來。以教育領域來看，其實當前的實驗教育，更傾向「新公共性」對「公共性」在學理上的新詮釋，例如父母參與孩子的教育，滿足孩子的學習權和參與孩子發展過程，就是一個適切的新公共性觀點。

　　我們再來看公共性的實務議題。在實務上，我們經常探討的是實驗教育教育費的正義、非營利的概念應該算到什麼程度？課程與教學的公共性、升學管道的公共性以及實驗教育成果能否回饋社會的公共性等。這些議題的公共性界線如何，相信仍是今後各界有極高興趣的熱門探究議題。

　　篠原清昭（2023）從教育券到教育自由化、再從教育市場化（公辦公營、公辦民營）的動向來預測教育的發展與公共性的變化，他以學校的設置和經營爲象限，舉出了如圖2所示的四象限。該圖雖然以「學校」爲論述主體，但由於在日本，實驗教育亦以 free school 或另類學校方式存在，因此亦可以套用在實驗教育範疇看待。他認爲，民營化議題的本質應在於

是否能保障學生的學習權利。在教育的公共哲學轉變的今日，一種在教育
上保障公益性的安全網絡（safety net）是有需要的。此看法應是讀者在思
考實驗教育的公共性時一個可切入的方向。藤根雅之（2019）認爲實驗教
育既是一種教育運動，也是一種具有多元性、柔軟性、流動性的「社會運
動」。它的公共性存在於過去公教育比較不具備的「市民參與」、「民主
主義」與「共生」，因此參與實驗教育的利害關係者，透過這種公共性的
作用，將可以累積出「專業性」。研究國際實驗教育的永田佳之（2005）
則指出實驗教育具有的公共性，會出現在「對特定思想或意識型態以非絕
對性的相對化作用，也就是自我省思（self-reflexive）的作用」上。

圖2
學校的設置與營運樣態

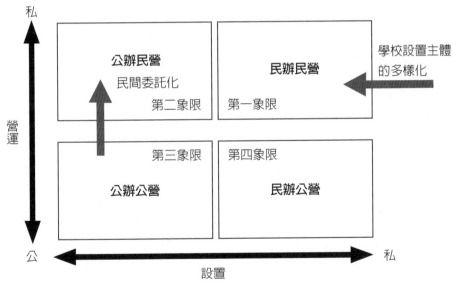

註：引自アンパンマンは正義のヒーローか：教育における正義の思考實驗，篠原清
　　昭，2023，ジダイ社，p.185。

　　因此，我們認爲，實驗教育的公共性議題，有必要再繼續於學理上與
實務上探究下去。但在教育的公共哲學轉變過程下，若要定位實驗教育的
公共性，大致上可以這樣思考：

　　實驗教育的公共性，不是去批判過去的新自由主義或新管理主義，也不應該過度要求這一個轉變要像烏托邦式的完美，而是可以透過各種具體的實驗教育實施樣態所交織出的教育運動和社會運動，以每個案例來探查其積極性和限制，並進行省思與分析，找出公共性的定位。

　　如此，或許在教育的公共哲學轉變過程中，實驗教育帶來的教育自由方能引導大家往追求教育正義的路上前進。

第四節
將實驗教育的成果還元給社會

　　實驗教育帶有增進教育多元發展、提供主流教育反思的價值（吳清山等人，2016；林錫恩、范熾文，2018；林雍智，2022a）。無疑的，實驗教育的實施成果帶有光與影，近幾年的迅速發展下也與體制、與市場、與烏托邦式的教育想像之間充滿葛藤，它並非萬靈丹式的藥引，也還需要進一步的調整體質，透過修補，才能茁壯。然而，將實驗教育的成果回饋主流教育、正規教育，促進主流教育的省思與成長功能，卻也是法規立案者、實驗教育參與者等的期待。黃志順（2023）認為實驗教育的角色，可以作為「探究美食的研究實驗室」和「公教育系統的研發部門」，經由實驗教育的個殊性去化解教育領域中的中心和邊陲的界線。這個看法，與「實驗教育成果必須還元到社會，促進教育運動與社會運動的成長」看法相近。

　　具體來說，實驗教育應該如何做，才能將其成果回饋給社會呢？可從提升教育的水準來考量。對於實驗教育本身，它必須經由辦學者、教師群、家長、孩子與研究者的參與下將正向核心價值找出來，也將負面的影響因素找出來。進入市場化階段的實驗教育單位，必然會面臨無條理、穿

梭於灰色地帶的不正常競爭，但此時就如臺灣走過產業升級的歷程般，專注於本業、積極提升高附加價值的企業，最後將會生存下來。因此我們要做的是將正向的理念、價值和有效的實踐智慧傳遞，以一種共好、共享、共育的管道／途徑傳遞。位處偏鄉的實驗教育單位，它不但肩負著維繫教育與文化服務中心的機能，還影響了地方能否存續的關鍵，這是一種地方創生的思維，也是臺灣 300 多個鄉鎮中在少子化時代無以迴避的課題。因而，將實驗教育的成果還元給社會是在創造一個教育的新市場，也是幫公教育營造一個在新哲學觀、新價值觀下形成的新典範。

　　若不想讓實驗教育就像許許多多教育政策般成為短暫的流星，而是希望它能成為較為恆常的制度影響更多有需要的孩子的話，我們必須體認到家長和市場的反應是敏感且快速的，在訊息自由的年代，他們永遠會尋找對子女更適合的教育。所以我們應該要讓實驗教育不只受到利害關係者的關注，還要透過成果的普及促進全體社會的關注，如此實驗教育本身才會更具自我療育改進的功能，不斷的優化與創新，隨時以新面貌助益孩子對學習的期待，並引領整個教育乃至於社會彰顯出「人」與「個體」的生命價值。

參考文獻

中文文獻

文化部（2015，9月16日）。**文化創意產業內容及範圍**。https://www.moc.gov.tw/information_311_20450.html

王俊斌（2022）。實驗理念、課程轉化與學習表現：以兩所公辦學校型態實驗教育為例。**台灣教育研究期刊**，**3**(1)，177-196。

吳明清（2003）。知變、應變、求變：教改政策的行銷與因應策略。**臺灣教育**，**620**，2-12。

吳明清（2010）。卓越領導的庶民思維。**教育研究月刊**，**194**，5-9。

吳清山（2015）。「實驗教育三法」的重要內涵與策進作為。**教育研究月刊**，**258**，42-58。https://doi.org/10.3966/168063602015100258004

吳清山、劉春榮、林志成、王令宜、李柏佳、林雍智、吳雪華、余亭薇（2016）。**實驗教育手冊**。教育部國民及學前教育署委託計畫成果報告。

吳新傑（2017）。調適性挑戰與教改問題本質及政策角色的辨析。**市北教育學刊**，**57**，15-32。

李柏佳（2016）。**學校型態實驗教育實施條例解析：國民教育階段為例**。學校行政，**101**，15-33。https://doi.org/10.3966/160683002016010101002

李協信（2021）。一所公立實驗學校前期發展歷程個案研究〔博士論文〕。國立臺灣師範大學，臺北市。https://hdl.handle.net/11296/25b4xc

林雍智（2018）。**國民小學學校治理之研究**〔未出版博士論文〕。臺北市立大學，臺北市。

林雍智（2019）。2030年的中小學校：少子高齡化下的學校整併與角色功能整合新型態。載於翁福元、陳易芬編，**臺灣教育2030**（頁81-92）。五南。

林雍智（2021，10月9日）。**實驗教育：偏鄉學校活化處方籤**〔主題演講〕。南臺科技大學，臺南市。

林雍智（2022a）。實驗教育的基本概念。載於黃志順、林雍智編，**實驗教育**（頁13-40）。五南。

林雍智（2022b）。實驗教育的課題與未來展望。載於黃志順、林雍智編，**實驗教育**（頁259-280）。五南。

林雍智（2022c，11月19日）。**教育大未來：實驗教育的孩子學習銜接**〔主題演講〕。臺北市和平實驗國民小學，臺北市。

林雍智（2023a，5 月 20 日）。從「就學」主義到「修學」主義：實驗教育學校帶來的最適性學習〔主題演講〕。臺北市和平實驗國民小學 111 學年度夏學季學校日工作坊，臺北市。

林雍智（2023b）。從學習的保障觀點看融合教育如何落實教育的公平與正義。載於高家斌編：教育的公平與正義（頁 61-79）。元照。

林海清（2023）。翻轉教學中的教育實驗與創新。臺灣教育評論月刊，12(8)，1-8。

林錫恩（2021）。學校型態實驗教育校務治理之多重個案研究〔未出版之博士論文〕。國立東華大學。

林錫恩、范熾文（2021，8 月 20 日）。實踐實驗教育新量能、看見學習的機會。新北市教育電子報第 326 期。https://epaper.ntpc.edu.tw/index/EpaSubShow.aspx? CDE=EPS20210819150837EWO&e=EPA20201127000000025

林錫恩、范熾文、石啟宏（2018）。學校型態實驗教育經營策略之探析。臺灣教育評論月刊，7(1)，135-142。

洪儷瑜（2018）。第一章：跨年級教學概論。載於梁雲霞、陳淑麗編，跨年級教學實務手冊（頁 1-13）。教育部國民及學前教育署。

卓惠珠（2020）。花媽訪問曲智鑛特教老師，談實驗教育的各種型態及現況。https://helpasperger.blogspot.com/2020/12/blog-post_15.html

邱紹雯（2020，2 月 7 日）。李開復：AI 時代，情感是人類最後一道防線。親子天下，90。https://www.parenting.com.tw/article/5074230

邱雲奕（2020，11 月 28 日）。量子領導視角下學校型態實驗教育經營之探究。東亞地區校長學學術研討會：領導素養的過去與未來會議手冊（頁 105-121）。國立臺北教育大學，臺北市。

施又瑀、施喻琁（2019）。國民小學戶外教育之探討。臺灣教育評論月刊，8(4)，89-97。

施宜煌、賴郁璿（2010）。「教師即陌生人」隱喻對教師教學的啟示。當代教育研究，18(1)，111-145。

范巽綠、蘇麗瓊、賴振昌（2022，8 月 19 日）。監察委員新聞稿。https://www.cy.gov.tw/News_Content.aspx?n=125&s=24202

范熾文、張文權（2016）。當代學校經營與管理：個人、團體與組織連結。高等教育。

國家教育研究院（2020）。十二年國民基本教育課程綱要國民中小學暨普通高級中等學校議題融入說明手冊。作者。

張琪、謝宜蓉（2019）。臺灣戶外教育發展現況及未來契機之探討。體驗教育學報，12，1-13。

教育部（2007）。**重編國語辭典修訂本**。作者。

教育部（2019a）。**十二年國民基本教育身心障礙相關之特殊需求領域課程綱要**。https://www.k12ea.gov.tw/files/class_schema/課綱/36-特教/36-3/十二年國民基本教育身心障礙相關之特殊需求領域課程綱要.pdf

教育部（2019b）。**十二年國民基本教育資賦優異相關之特殊需求領域課程綱要**。https://www.k12ea.gov.tw/files/class_schema/課綱/36-特教/36-4/十二年國民基本教育資賦優異相關之特殊需求領域課程綱要.pdf

教育部（2019c）。**十二年國民基本教育課程綱要身心障礙學生領域課程調整應用手冊（調整建議篇）**。https://sencir.spc.ntnu.edu.tw/GoWeb/include/index.php?Page=6-C-7

教育部（2022）。**各教育階段學生數預測報告：111~126 學年度**。https://stats.moe.gov.tw/files/analysis/111_st_report.pdf

教育部統計處（2023a）。**高級中等以下學校實驗教育概況**。https://stats.moe.gov.tw/statedu/chart.aspx?pvalue=51

教育部統計處（2023b）。**非學校型態實驗教育學生概況**。https://data.gov.tw/dataset/46719

梁可憲（2011）。遊戲和教育的連結與想像。**國家教育研究院電子報，第 18 期**。https://epaper.naer.edu.tw/edm.php?grp_no=7&edm_no=18&content_no=402

許家齊（2021）。**2021 實驗學校 250+ 清單／校數成長漸緩，辦學挑戰多**。https://flipedu.parenting.com.tw/article/006473

陳永龍（2015）。中華民國戶外教育宣言蘊義與政策推展。**國家教育研究院教育脈動電子期刊，4**，1-8。

陳怡光（2020，6 月 23 日）。讓實驗教育公共化：不管你家收入多少，都有自由學習的機會！**獨立評論**。https://opinion.cw.com.tw/blog/profile/352/article/9601

郭實渝（2008）。夏山學校展現的民主教育精神。**通識教育學刊，2**，39-54。

黃志順（2022a）。實驗教育的本意。載於黃志順、林雍智編，**實驗教育**（頁 1-12）。五南。

黃志順（2022b）。實驗教育的課程、教學與評鑑。載於黃志順、林雍智編，**實驗教育**（頁 89-102）。五南。

黃志順（2023）。「實驗教育」與「教育實驗」之間的弔詭與機會？來自實踐層次的辯證反思。**臺灣教育評論月刊，12**(8)，9-16。

黃武雄（2013）。**學校在窗外**。左岸文化。

黃建榮、李光莒（2022）。實驗教育案例：公辦民營學校及實驗教育機構。載於黃志順、林雍智編，**實驗教育**（頁 227-258）。五南。

黃彥超（2019）。OECD 教育 2030 與學校型態實驗教育之對接。載於翁福元、陳易芬編，**臺灣教育 2030**（頁 181-197）。五南。

黃政傑（2019）。國際組織《教育 2030》對國內教改的啟示。載於翁福元、陳易芬編，**臺灣教育 2030**（頁 1-14）。五南。

新加坡教育部推廣華文學習委員會（2023）。**2023 年學前華文教師研討會幼兒園課程教學實踐與反思**。https://www.cpcllpreschseminar2023.sg/index.html

楊洲松（1998）。哈伯瑪斯（J. Habermas）「現代性哲學論辯」與李歐塔（J.-F. Lyotard）「後現代知識論述」的論戰及其教育意義。**教育研究集刊**，40，73-92。

趙曉維（2000）。互為主體性 Intersubjectivity。**教育大辭書**。http://terms.naer.edu.tw/detail/1302590/

劉育忠、王慧蘭（2017）。實驗教育在「實驗」什麼？臺灣實驗教育的核心關懷與實踐探索。**教育研究月刊**，**277**，4-17。https://doi.org/10.3966/ 168063 602017050277001

歐陽教（1990）。教育的概念分析。載於黃光雄（主編），**教育概論**（頁3-30）。師大書苑。

蔡春美（1993）。幼稚園與小學銜接問題調查研究。**臺北師院學報**，**6**，665-730。

親子天下（2023）。**2023 實驗教育新趨勢新挑戰**。https://site.parenting.com.tw/topic/media_alternativeedu-213

聯覺（2023，7月1日）。載於**維基百科**。https://zh.wikipedia.org/zh-tw/ 聯覺。

龔心怡、林素卿（2008）。教師課程意識與教學實踐模式之建構：以英語科為例。**課程與教學季刊**，**12(1)**，99-124。

Conran, T. & Bayley, S.（2009）。**設計全書 A-Z Design: Intelligence Made Visible**（何佳芸、楊久穎、廖素珊、羅珊珊譯）。積木文化。

Carter, F.（2021）。**少年小樹之歌**（蕭季瑄譯）。高寶。

Hsu, Paulina（2021，7月19日）。人物專訪 INTERVIEW——學學創辦人徐莉玲：看見臺灣的「缺」——我們看見自己了嗎？**DFUN**。http://www.dfunmag.com.tw/see-the-lack-of-taiwan-have-we-see-ourselves/

LBD 聯校工作坊（2023，8月16-18日）。**主題式課程設計 x 閱讀學習工作坊暨「感·創·做」23/24 學年啟動禮**〔影片〕。YouTube。https://youtube.com/watch?v=ntXYTehIZoE

Von Schiller, J. C. F.（2018）。**美育書簡：席勒論美與人性**（謝宛真譯）。商周。

日文文献

中央教育審議会（2021）。「令和の日本型学校教育」の構築を目指して：全ての子供たちの可能性を引き出す，個別最適な学びと協働的な学びの実現（答申）。https://www.mext.go.jp/content/20210126-mxt_syoto02-000012321_2-4.pdf

文部科学省（2022）。教育DX（デジタルトランスフォーメーション）の推進について。https://www.mext.go.jp/a_menu/other/data_00008.htm

久保敬（2022）。フツーの校長、市長に直訴：ガッツせんべいの人権教育論。解放出版社。

永田佳之（2005）。オルタナティブ教育国際比較に見る21世紀の学校づくり。新評論。

吉田敦彦（2022）。教育のオルタナティブ：〈ホリスティック教育／ケア〉研究のために。せせらぎ出版。

宋美蘭（2018）。韓国の代案教育運動の生成展開過程とその性格：1980年代から1990年代の教育運動に着目して。こども発達臨床研究，11，11-25。

東京都フリースクール等ネットワーク（2020）。学びを選ぶ時代～子どもが個性を輝かせるために親ができること。プチ・レトル。

菊地榮治、永田佳之（2001）。オルタナティブな学び舎の社会学：教育の「公共性」を再考する。教育社会学研究，68，64-84。

溝上慎一（2021）。（理論）令和の日本型学校教育－「個別最適な学び」と「協働的な学び」。http://smizok.net/education/subpages/a00048(reiwa).html

篠原清昭（2017）。台湾における教育の民主化：教育運動による再帰的民主化。ジダイ社。

篠原清昭（2023）。アンパンマンは正義のヒーローか：教育における正義の思考実験。ジダイ社。

藤根雅之（2019）。オルタナティブスクール・フリースクール研究に関する文献検討：オルタナティブ教育研究が位置づく知識構造と社会運動としての捉え直し。大阪大学教育学年報，24，97-110。

西文文献

Barrington, K. (2023, June 30). *What Are alternative schools and how do they impact college admissions?* https://www.publicschoolreview.com/blog/what-are-alternative-schools-and-how-do-they-impact-college-admissions.

Bronfenbrenner, U. (1979). *The ecology of human development: Experiments by nature and design.* Harvard University Press.

Cambridge Dictionaries Online (2023). *English definition of "public".* https://dictionary.cambridge.org/dictionary/english/public

Dang, D., Dearholt, S. L., Bissett, K., Ascenzi, J., Whalen, M. (2022). *Johns Hopkins evidence-based practice for nurses and healthcare professionals* (4th Ed.). Sigma Theta Tau International

Deci, E. L., Olafsen, A. H., & Ryan, R. M. (2017). Self-determination theory in work organizations: The state of a science. *Annual review of organizational psychology and organizational behavior, 4*, 19-43.

Dewey, J. (1997). *Experience and Education.* Free Press. (Original work published 1938)

Dewey, J. (2021). *Democracy and education: An introduction to the philosophy of education.* Independently published. (Original work published 1916)

Dillon, J., Morris, M., O'Donnell, L., Reid, A., Rickinson, M., & Scott, W. (2005). *Engaging and learning with the outdoors: The final report of the outdoor classroom in a rural context action research project.* National Foundation for Educational Research.

Engel, G. L. (1981). The clinical application of the biopsychosocial model. *Journal of Medicine and Philosophy: A Forum for Bioethics and Philosophy of Medicine.* Oxford University Press.

Fonagy, P., Gergely, G., & Jurist, E. L. (Eds.) (2018). *Affect regulation, mentalization and the development of the self.* Routledge.

Ford, P. (1986). Outdoor education: Definition and philosophy. *Resources in Education, 21.* 31-34. https://doi.org/10.1080/07303084.1989.10603941

Fullan, M. (1982). *The Meaning of Educational Change* (pp. 17-19). Teachers College Press.

Garcia, H. (2003). The value of outdoor education. *Theses Digitization Project. 2314.* https://scholarworks.lib.csusb.edu/etd-project/2314

Gazelle, H., & Ladd, G. W. (2003). Anxious solitude and peer exclusion: A diathesis–stress model of internalizing trajectories in childhood. *Child development, 74*(1), 257-278.

Greenspan, S., & Wieder, S. (2008). DIR®/Floortime™ model. *The International Council on Developmental and Learning Disorders.*

Grundy, S. (Ed.) (1987). *Curriculum: Product or praxis.* The Falmer Press.

Kagan, S. L. (1991). Moving from here to there: Rethinking continuity and transitions in early care and education. In B. Spodek & O. N. Saracho (Eds.), *Issues in early childhood curriculum* (pp.132-151). Teachers College Press.

Mind Tools. (2023)。*Authenticity: How to be true to yourself.* https://www. mindtools. com/ay30irc/authenticity

Organisation for Economic Cooperation and Development [OECD]. (2018). *The future of education and skills education 2030.* https://www.oecd.org/ education/2030/ E2030%20Position%20Paper%20(05.04.2018).pdf

Owens, E. (2013, August 31). The perils of homeschooling: German police storm home, seize four children. *Daily Caller.* https://dailycaller.com/2013/08/31/the-perils-of-homeschooling-german-police-storm-home-seize-four-children/

Pedagogy (2023). In *Wikipedia.* https://en.wikipedia.org/wiki/Pedagogy

Rehamo, A. (2022). Rethinking educational modernity: The educational state of exception. *Comparative Education Review,* 66(2), 181-198. https://doi.org/10. 1086/719162

Shirke, A. (2021). *What is pedagogy? Importance of pedagogy in teaching and learning process.* https://www.iitms.co.in/blog/importance-of-pedagogy-in-teaching-and-learning-process.html

Summerhill (n.d.). *Summerhill: The early days.* Retrieved September 5, from https:// www.summerhillschool.co.uk/history

Taylor, C. (1989). *Sources of the self: The making of the modern identity.* Harvard University Press.

Taylor. C. (1991). *The ethics of authenticity.* Harvard University Press.

United Nations (2018, April 21). *Do you know all 17 SDGs?* [Video]. YouTube. https://youtu.be/0XTBYMfZyrM

United Nations Educational, Scientific, and Cultural Organization [UNESCO] (1996). *Learning: The treasure within - Report to UNESCO of the international commission on education for the twenty-first century.* Author.

United Nations Educational, Scientific and Cultural Organization [UNESCO]. (2015). *World education forum 2015: Final report.* https://unesdoc.unesco.org/ ark:/48223/pf0000243724

World Economic Forum [WEF]. (2020). *Schools of the future: Defining new models of education for the fourth industrial revolution.* https://www3.weforum.org/ docs/WEF_Schools_of_the_Future_Report_2019.pdf

後記

探問實驗教育的「本真性」

面對陌生人，你會怎麼對別人介紹你所辦的教育（學校）？

這是一個很有意思的探問路徑。面對陌生人，你會怎麼對別人介紹你所辦的教育（學校）？尤其在踏入校門口的第一個印象，在門面的展示區域，透過思索及規劃「呈現的方式」、「準備給誰看」、「起什麼作用」，以及那個「看見自己與被看見」的意念圖像是什麼？想傳遞怎麼樣的氛圍或意涵給每個想認識自己所辦教育的陌生人？

思考這個問題關乎著：我該怎麼「定位」（positioning）自己、怎麼做出「區隔」（segmentation）？怎麼跟別人說「我是誰」？本書在「實驗教育方法論」篇及「實驗教育實踐論」篇中，每位作者都誠摯的透過自身的實踐經驗與深刻思考，以自身所辦的學校、機構，擔任教師的歷程，論證及描述關於實驗教育各層次的內涵，也經由此，就像是在校門口，充分地展現並告訴每位基於各種理由閱讀本書的陌生讀者，展現自己所辦的教育（學校）的風采、姿態、困頓、因應與解方的可能性。

這樣的閱讀和編輯經驗，讓我進入下一個更深刻的探問。實驗教育的「本真性」（authenticity）是什麼？我無意把「本真性」這個在西方政治、哲學及社會學的理論背景引介到這裡的論述 （註一），而打算用最白話的方式來分享我在閱讀本書各章後，揉合我在現場的思索，提出一些關於實驗教育「本真性」這命題的探問。

本真性是坦途大道（Authenticity is the Way to Go）（註二）

　　我想先從讀者們平常的生活經驗談起。或許讀者們都喝過「咖啡牛奶」（coffee with milk），不管是自己調製或是購買市售產品，無論調製的方法或風味為何，也無關價格昂貴或廉價與否，我要講的就是關於「咖啡牛奶」的「本真性」是什麼？如何理解、體驗及確認，喝的是不是「咖啡牛奶」？

　　我想，這第一步，就是「喝一口」。

　　只要喝一口就會知道什麼是「咖啡牛奶」。如果對此道不講究、沒鑽研的飲用者，就只是單純的喝咖啡牛奶，可能是基於各種內外在的生理或心理因素，或口渴、或好奇、或嚐鮮，喝上一口，並不會知道這「咖啡牛奶」到底品質如何、價值和價格的關聯等等問題，但至少，「喝一口」是理解、體驗及確認是不是「咖啡牛奶」的必要第一步。

　　問題來了。若是內行人「喝一口」就會知道，喝下肚的這一口，使用的材料是不是「混充豆」或「商業豆」的咖啡，是不是用純鮮乳，而不是以奶精添加製作的優質「咖啡牛奶」。這裡會出現兩個很重要的關鍵概念：無中生有的「捏造」（fabrication），以及偷天換日的「竄改」（falsification）。

　　例如說：一罐根本沒有含咖啡，也沒有一點點真實牛奶材料的「咖啡牛奶」。因為以添加人工合成的香料及色素，透過合成製作，所以喝起來不僅有咖啡的香味，也有牛奶滑潤的口感。即使產品名稱就叫做「咖啡牛奶」，但內容物明明就是完全沒有「咖啡」及「牛奶」，所以就是「捏造」的無中生有，意味著「編造出來的」（make up）「咖啡牛奶」。

　　問題是，「無中生有」可不可以被理解是一種「發揮創意」或「翻新創作」呢？那肯定是不一樣的。因為，如果我說我要賣的是「咖啡牛奶」，而去創造出完全不符合作為食品飲料的基本條件，或是有違於健康安全的倫理規範，而硬說硬凹，是客人不懂、不了解我才會看不懂我的產品。這種「無中生有」根本不是「創意」或「創作」，而是一種欺騙，也就是「假的」（fake）「咖啡牛奶」。

再例如說，產品的品名及包裝上標示著「100% 鮮純」的「咖啡牛奶」，而且內容物及各種成分貼牌標示也依據相關規範和程序審查，均有清楚標示及說明。問題是，出現在喝的人面前的飲品，只有一成的真實材料在其中，其他則是出自不同因素或目的，摻以九成的奶精粉、香料以及水調製而成。這杯「咖啡牛奶」不是沒有「咖啡」及「牛奶」在「咖啡牛奶」裡面，而是以部分真的、部分假的素材混充一起，且不只是誇大不實的宣傳及行銷手法，甚至在產品標示及說明書中，以「竄改」（或偷天換日）的方式進行。明明說的是這套、寫的是這套、想做出來的是這套，卻在「修整」（alteration）過後，讓喝的人以為是喝到「100% 鮮純」的「咖啡牛奶」，卻渾然不知真實的狀態並不是飲用者所想的那樣。

那麼，如果把「咖啡牛奶」置換成自 2014 年「實驗教育三法」通過以來，在臺灣教育脈絡裡高速增長的各類實驗教育學校，或是非學機構的數量，以及參與各種類型實驗教育的學生數。確實有很多孩子及父母，以及在各種類型工作的教師們，都已大口地「喝上一口」實驗教育的咖啡牛奶。但問題是，到底有多少家長、教師及孩子，真的理解與通透實驗教育關於孩子學習、教師教學、學校治理、家長參與，等等這些最基本的校務運行層面的本真性？

誠實以對，正是實驗教育本真性的坦途大道

我想，關於「實驗教育」本真性的坦途大道（smooth road to the authenticity of "experimental education"），說穿了就是身在「實驗教育」的利害關係人 —— 教師、家長、政府 —— 到底願不願意誠實地面對自己，回到教育本質這件事。說要製作、沖泡「100% 鮮純」的「咖啡牛奶」，就老老實實地把「咖啡」、「牛奶」最基本的材料備好。就像 Mind Tools（2023）對於本真性的理解和詮釋般：

> 本真性就是根據自己的價值觀和目標，而不是其他人的價值觀和目標來生活。簡言之，即使面臨著採取其他行動可能帶

來的壓力，也會忠於自己的個性、價值觀和精神，對自己和他人都很誠實，並且對自己的錯誤承擔責任。於是，價值觀、理想和行動是一致的，給人的印象是眞誠的，並且願意接受忠於自己認爲正確的事情所帶來的後果。

　　探問實驗教育的「本眞性」？就像我 2023 年 8 月中旬在香港主持「LBD 聯校工作坊」主題式課程設計 x 閱讀學習工作坊暨「感‧創‧做」23/24 學年啟動儀式（LBD 聯校工作坊，2023），對現場參與的香港第一線校長及教師們所做的專題演說，關於實驗教育：誠實，沒有什麼比誠實更重要。誠實什麼？誠實面對自己、誠實面對對方。

　　誠實以對，正是實驗教育的「本眞性」之所在。

主編 黃志順 謹識

2023 年 8 月 30 日

註 釋

註一：若有興趣的讀者可以參閱影響我甚深的 Charles Taylor，在 1989 出版的的《*Sources of the self: The making of the modern identity*》（Taylor, 1989），以及 1991 年的《*The Ethics of Authenticity*》（Taylor, 1991）。尤其是《*The Ethics of Authenticity*》這本專書，是引發我在思考實驗教育之於親師生以及國家社會，到底所爲何來的理論視域及思考鷹架。

註二：Authenticity is the Way to Go. 這個標題是來自教育部「臺灣學術倫理教育資源中心」官方 YouTube 影音所製作的，關於學倫議題短片題目。影片請參閱 https://www.youtube.com/watch?v=sFl69G6OiQw

國家圖書館出版品預行編目資料

實驗教育面面觀／林雍智、黃志順、杜瑋倫、
李光莒、林錫恩、李協信、蘇仰志、詹家
惠、諶志銘、賴聖洋合著.--初版.--臺北
市:五南圖書出版股份有限公司, 2024.03
面; 公分
ISBN 978-626-393-016-2（平裝）

1.CST: 教育實驗 2.CST: 教育理論
3.CST: 文集

526.18   113000742

1181

實驗教育面面觀

主　　編 ― 林雍智 黃志順

作　　者 ― 林雍智、黃志順、杜瑋倫、李光莒、林錫恩
　　　　　　李協信、蘇仰志、詹家惠、諶志銘、賴聖洋

發 行 人 ― 楊榮川

總 經 理 ― 楊士清

總 編 輯 ― 楊秀麗

副總編輯 ― 黃文瓊

責任編輯 ― 黃淑真、李敏華

封面設計 ― 封怡彤

出 版 者 ― 五南圖書出版股份有限公司

地　　址：106臺北市大安區和平東路二段339號4樓

電　　話：(02)2705-5066　　傳　　真：(02)2706-6100

網　　址：https://www.wunan.com.tw

電子郵件：wunan@wunan.com.tw

劃撥帳號：01068953

戶　　名：五南圖書出版股份有限公司

法律顧問　林勝安律師

出版日期　2024年3月初版一刷

定　　價　新臺幣350元

經典永恆・名著常在

五十週年的獻禮——經典名著文庫

五南，五十年了，半個世紀，人生旅程的一大半，走過來了。

思索著，邁向百年的未來歷程，能為知識界、文化學術界作些什麼？

在速食文化的生態下，有什麼值得讓人雋永品味的？

歷代經典・當今名著，經過時間的洗禮，千錘百鍊，流傳至今，光芒耀人；

不僅使我們能領悟前人的智慧，同時也增深加廣我們思考的深度與視野。

我們決心投入巨資，有計畫的系統梳選，成立「經典名著文庫」，

希望收入古今中外思想性的、充滿睿智與獨見的經典、名著。

這是一項理想性的、永續性的巨大出版工程。

不在意讀者的眾寡，只考慮它的學術價值，力求完整展現先哲思想的軌跡；

為知識界開啟一片智慧之窗，營造一座百花綻放的世界文明公園，

任君遨遊、取菁吸蜜、嘉惠學子！